VRAIMENT : Congo, une tribu !

YaYa Asani

VRAIMENT

Congo, une tribu !

Récit trilingue
Français – Kiswahili – Lingala

Deuxième édition

À Samuel, Laurianne, Amandine, Marielle,
Hannah Mickaela et Micah Isaiah

AVANT - PROPOS

Il faut le lire ou plutôt le dire :
il se passe des choses étranges.

Tous ont été et envoient leurs enfants à l'école, pour apprendre à lire. Mais une fois les diplômes en poche, ils ne lisent plus !

On doit se réconcilier avec le livre, véhicule du savoir et de l'action, gardien de la mémoire collective et source de loisirs et d'émotions.

Il faut une offre de lectures simples et agréables. Et au départ, je voulais condenser un livre[1] qui a été apprécié. Mais j'en ai rédigé un tout autre.

Ceux qui m'ont lu découvriront des histoires insolites et intenses. Ceux qui liront ce court récit auront sans doute envie de découvrir mon livre et, surtout, de se hâter à consommer ceux des autres.

Mon texte est une écriture nouvelle, avec un paragraphe par page et une succession de clichés d'informations et de révélations, de surprises et de controverses, de rêves et de rebondissements.

Bref, un échantillon de délices de la lecture.

Denise MAHEHO a réalisé l'adaptation swahilie.

Ernestine SUNGU Yabili a adapté en lingala,
vérifié par le professeur IPO ABELELA Edouard.

Yann MANDEY a réalisé avec talent les cartes géographiques et historiques inédites.

YaYa Asani
l'auteur[2]

---

[1] À propos de Congo-Chine: *Le géant d'Afrique, le géant d'Asie : histoire d'un combat méconnu* - Marcel Yabili - L' Harmattan 2012
[2] Pour **YA**bili **YA**lala **Asani**. Cette identité légale (1971 - 1990) signe maintenant les écrits non scientifiques de Marcel YABILI.

Mise en page et modes de lecture
du LIVRE TRILINGUE

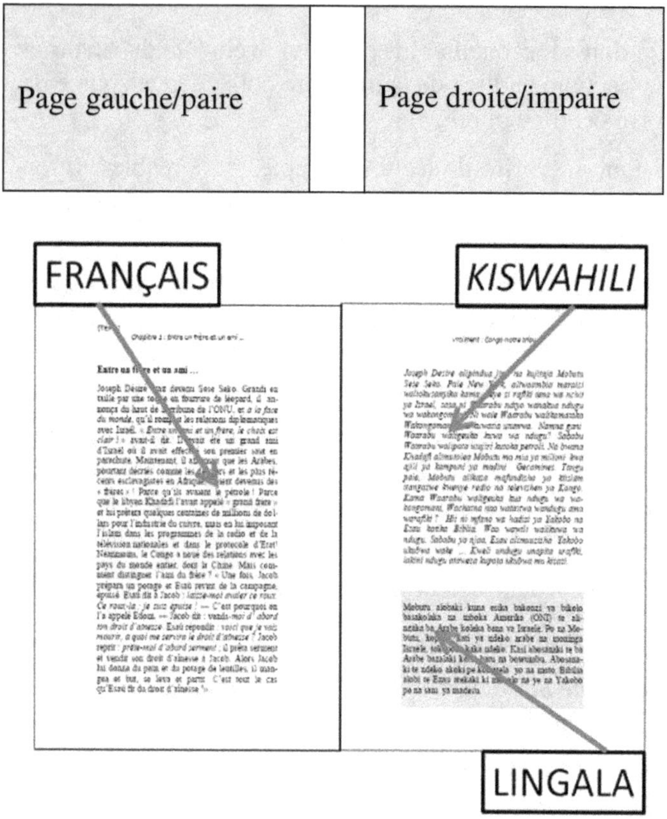

<table>
<tr><td>Page gauche/paire</td><td>Page droite/impaire</td></tr>
</table>

FRANÇAIS

KISWAHILI

LINGALA

SOMMAIRE

Le ciel dans la main

Quelle histoire !

Il était né à Lisala. Déjà enfant, la forêt équatoriale le privait de la clarté du jour, alors que le soleil brillait au-dessus des hauts arbres, touffus et enlacés. Il rêvait de monter là-haut ; il raffolera du pilotage et de voyages en avion, et il affrétera le plus beau, le plus rapide : le Concorde[1]. Ses manuels de catéchisme illustraient l'Ascension du Christ et l'Assomption de Marie comme un décollage du sol, pour être placés au-dessus des nuages. Souvent, il levait les yeux, vers le haut, vers le Paradis, la demeure de Dieu. Mais à 27 ans, le premier satellite fendit et parcourut le ciel. À 39 ans, le 21 juillet 1969, l'homme mit le pied sur la Lune et y déposa un disque contenant les messages de bonne volonté de 73 chefs d'État[2]. Dont le sien : lui, l'enfant de Lisala. Et deux mois plus tard, les trois astronautes Armstrong, Aldrin, Collins et leurs épouses accoururent pour trois jours à Kinshasa, en octobre 1969. L'accueil et le séjour furent grandioses[3]. Il les décora et ils lui remirent un morceau de roche lunaire[4]. Un morceau du ciel ! La télévision diffusera sa tête majestueuse, jaillissant des profondeurs du ciel et grossissant au milieu des nuages pour finir par occuper tout l'écran. Il choisit un nouveau nom pour le pays, interdit les prénoms chrétiens et noua avec le Diable de l'époque : la Chine communiste.

Seul Dieu pouvait tenir l'univers dans le creux de sa main. Lui, le natif de la forêt, avait en main un morceau du ciel. Mobutu se prit pour un dieu.

Hadisi njo !

Alizaliwa Lisala, muji anuzungukiwa na miti mirefu sana. Naye alikomea na mawazo ya kama juu ya miti ni mawingu, na juu ya mawingu ni mbinguni nafasi Mungu anahishi kwa milele. Ni nafasi Yesu na bikira Maria walipanda. Alipopata myaka 27, Warussia walituma kyombo Sputnik juu ya mawingu pasipo kupata mbingu. Pia myaka 39, waamerikani watatu walisafiri mpaka mwezi. Walichukua mesali ya mariaisi wa dunia nzima, na yake yeye muzaliwa wa Lisala. Waamerikani waliogota majiwe ya mwezi na walirudi pa dunia. Wao watatu na wake zao wakaenda Kinshasa kutolea muzaliwa wa Lisala sehemu ndogo ya jiwe waliogota juu ya mwezi. Tangu pale, muzaliwa wa Lisala akapata kiburi kikubwa. Tangu alikamata mikononi mwake jiwe ya mwezi, aliwaza alikuwa kama mungu anayekamata sehemu ya mbingu. Mobutu aliwaza naye alikua mungu wa dunia.

Lisapo Onge !

Mobutu a botamaki na mboka ebengami Lisala.
Na mobu 1969, azalaki na mibu ntuku misatu
na libwa. Mobu oyo ba amerike misatu : Armstrong,
Aldrin na Collins batambolaki na sanza.
Bayaki na Kinshasa sima mobembo wana pe
bapesaka Mobutu eteni ya libanga
eyutaki na sanza. Lokola asimbaki libanga ya sanza,
akanisaki akomi Nzambe.

Le disque, contenant les messages de 73 chefs d'État,
et déposé sur la lune,
avait le diamètre d'une pièce d'½ dollar ! Soit 3 cm !

Congo

"The government of the Democratic Republic of the Congo follows with constant attention the achievements of human genius in the conquest of space in order to make man its master. The Congolese people, its party, its government, and myself express our ardent wish to see Apollo 11 successfully accomplish the mission which is our own. May these victories which have cost man so much energy and sacrifice contribute to the reinforcement of cooperation among peoples and serve peace for the greatest good of mankind. Best regards."

J. D. Mobutu
President

Message de Mobutu, déposé sur la lune :

« Le gouvernement de la République Démocratique du Congo suit avec une attention constante les progrès du génie humain dans la conquête de l'espace en vue que l'homme puisse maîtriser l'univers. Le peuple congolais, son parti, son gouvernement et moi-même désirons ardemment voir Apollo 11 accomplir sa mission qui est aussi la nôtre. Que ces avancées qui ont nécessité tant d'énergie et de sacrifices contribuent au renforcement de la coopération entre les peuples et à la paix pour le plus grand bien de l'humanité.
Sincères salutations.
JD. Mobutu ».

Aldrin sur la lune,
deux mois avant de poser les pieds à Kinshasa
avec Armstrong, Collins et leurs épouses.

Timbre postal émis pour la visite et la remise de la pierre lunaire.

Le plus grand ![5]

Comme Dieu, créateur de l'homme, Mobutu tenta de remodeler le Congo à sa propre image. Il fut le Président Fondateur, le Grand Timonier, le Maréchal d'un immense territoire qu'il appelait *"grand, beau et riche pays"*. En 1974, tout culmina, et tout lui réussit. Le trophée de championnat d'Afrique de football et la participation des Léopards au Mondial en Allemagne Fédérale. Il n'hésita pas à enrichir les États-Unis avec les impôts que les boxeurs Mohamed Ali et George Foreman avaient été obligés de payer pour avoir partagé une généreuse bourse de 10 millions de dollars pour leur « combat du siècle » à Kinshasa. Mobutu n'oublia pas qu'il avait une demeure divine, dans les étoiles. Il encouragea la firme allemande Otrag à lancer, à partir de la rive droite de la rivière Luvua, des fusées qui auraient été les plus performantes, parce qu'elles décolleraient le plus près de l'Équateur. Quoique quinze ans après le premier missile chinois « Dongfeng 1 ». Il se rendit aussi à New York, la capitale du monde, pour s'adresser à tous les chefs d'État accourus à l'assemblée générale des Nations-Unies. À son retour, et tous les soirs, le générique du grand journal télévisé le montrait martelant des propos prophétiques et divins, chaudement accueillis par les ovations des délégués du monde entier.

Tous debout, pour l'honorer. Mais cette image avait été volée ; la véritable *standing ovation* mondiale avait clôturé l'allocution que le Pape Paul VI avait prononcée quelques années avant lui.

Kwa mfano wa Mungu muumbaji, Mobutu alipima kuumba Kongo na Wakongomani kwa sura ya sasa. Mwaka 1974, sifa kubwa ikawa naye. Timu ya kabumbu Leopards ikachukua kombe la Afrika hata wakaenda Ujermani kwa kombe la dunia. Mobutu akaalika Mohamed Ali na Georges Foreman. Mwaka iliotangulia, Mobutu akaenda muji New York ambako alichukua sauti mbele ya maraisi wadunia nzima walikusanika nyumbani ya umoja wa mataifa (ONI). Aliporejea Kongo, kila siku televishen ilionesha picha ya Mobutu sawa ni mu-ngu anashuka mbinguni katika mawingu. Vile vile, televishen ilitangaza hotuba yake ya New York ambako wahuzuria wa dunia nzima waliamka wote kwa kumpigia mikono sawa sultani ao mungu wa dunia.

Pona bana ya Kongo, Mobutu azalaki "tata ya mboka". Bato bazalaki koyembela pe kobinela :
" Tata Mokonzi ! Tata ayee, nzala esili".
Na etando eke to televizion, elongi na ye ezalaki kobima likolo, na kati ya mapata. Azalaki neti Nzambe azali kokita na se !

*Mobutu surgissant et descendant du ciel au milieu des nuages :
(générique des actualités la Radio Télévision Nationale Zaïroise)*

En mars 1969, « Joseph Désiré » Mobutu a le culot de garder son chapeau alors qu' il est accueilli à l'Élysée par Charles de Gaulle.

Mobutu « Sese Seko » en toque à la tribune de l'ONU en 1973.

Enveloppes philatéliques éditées pour les déplacements de Mobutu à bord du Concorde en 1989.

Entre un frère et un ami...

Joseph Désiré était devenu Sese Seko. Grandi en taille par une toque en fourrure de léopard, il annonça du haut de la tribune de l'ONU, et *à la face du monde*, qu'il rompait les relations diplomatiques avec Israël. « *Entre un ami et un frère, le choix est clair* ! » avait-il dit. Il avait été un grand ami d'Israël où il avait effectué son premier saut en parachute. Maintenant, il affirmait que les Arabes, pourtant décriés comme les derniers et les plus récents esclavagistes en Afrique, étaient devenus des « frères » ! Parce qu'ils avaient le pétrole ! Parce que le libyen Khadafi l'avait appelé « grand frère » et lui prêtera quelques centaines de millions de dollars pour l'industrie du cuivre, mais en lui imposant l'islam dans les programmes de la radio et de la télévision nationales et dans le protocole d'État ! Néanmoins, le Congo a noué des relations avec les pays du monde entier, dont la Chine. Mais comment distinguer l'ami du frère ?

« Une fois, Jacob prépara un potage et Esaü revint de la campagne, épuisé. Esaü dit à Jacob : *laisse-moi avaler ce roux. Ce roux-là ; je suis épuisé !* — C'est pourquoi on l'a appelé Edom. — Jacob dit : vends-*moi d' abord ton droit d'aînesse.* Esaü répondit : *voici que je vais mourir, à quoi me servira le droit d'aînesse ?* Jacob reprit : *prête-moi d'abord serment* ; il prêta serment et vendit son droit d'aînesse à Jacob. Alors Jacob lui donna du pain et du potage de lentilles, il mangea et but, se leva et partit. C'est tout le cas qu'Esaü fit du droit d'aînesse [6] ».

Joseph Desiré alipindua jina na kujitaja Mobutu Sese Seko. Pale New York, aliwaambia maraisi waliokusanyika kama yeye si rafiki tena wa nchii ya Israel, sasa ni Waarabu ndiyo wanakua ndugu wa wakongomani. Ni wale Waarabu walikamataka Wakongomani kwa kuwatia utumwa. Namna gani Waarabu waligeuka kuwa wa ndugu ? Sababu Waarabu walipata utajiri kutoka petroli. Na bwana Khadafi alimutolea Mobutu ma mia ya milioni kwa ajili ya kampuni ya madini Gecamines. Tangu pale, Mobutu alikaza mafundisho ya kiislam itangazwe kwenye redio na televishen ya Kongo. Kama Waarabu waligeuka kua ndugu wa wakongomani, Wachaina nao wataitwa wandugu ama warafiki ? Hii ni mfano wa hadisi ya Yakobo na Esau katika Biblia. Wao wawili walikuwa wa ndugu. Sababu ya njaa, Esau alimuuzisha Yakobo ukubwa wake... Kweli undugu unapita urafiki, lakini ndugu ataweza kupata ukubwa mu kizazi.

Mobutu alobaki kuna esika bakonzi ya bikolo basakolaka na mboka Amerika (ONI) te alingaka ba Arabe koleka bana ya Israele. Po na Mobutu, kopona kati ya ndeko arabe na moninga Israele, tokopona kaka ndeko. Kasi abosanaki te ba Arabe bazalaki kotia batu na bowumbu. Abosanaki te ndeko akoki pe komatela yo na moto.

Bibilia alobi te Ezau atekaki ki mokolo na ye na Yakobo po na sani ya madesu.

Puisque le Congolais lit la Bible

Ce récit biblique est extraordinaire. Il a été répété depuis des millénaires, jusqu'au cœur de tous les continents. Cette histoire du plat de lentilles est lue et relue par les Congolais. Et cette lecture populaire dément un préjugé que tout le monde avale et recrache. On affirme, telle une vérité de l'Évangile, que « le Congolais ne lit pas ! » Tout le monde a vu et noté la chute de Mobutu, mais personne n'a remarqué qu'il avait emporté les caractères d'écriture mécanographique et d'imprimerie de taille normale ! Les documents officiels ne sont plus dactylographiés ou imprimés (comme ce livre) en corps "12", mais en "14" ! Cette grande taille multiplie le nombre de pages et fait consommer davantage de papier, en cette époque de l'économie écologique. Le corps 14 est aussi la taille des lettres dans les livres pour enfants, en apprentissage de la lecture ! Le "14" s'utilise aussi pour les personnes du troisième âge pour alléger l'inconfort des lunettes de lecture en demi-lunes. Le "14" suggère que le Congolais serait un lecteur infantile ou sénile... C'est ici que l'histoire de la vente du droit d'aînesse est d'actualité quotidienne : c'est un récit que le Congolais lit et savoure directement dans la Bible. Ce livre en papier extrafin est imprimé en tout petits caractères pour en diminuer le volume et le nombre de pages ! Et le Congolais lit la Bible tous les jours et en tous lieux, dans toutes les positions. Et en corps "9" [7]!

Le Congolais peut être un grand lecteur de livres, parce qu'il est passionné d'histoires.

Hadisi hii ya Biblia ni ya ajabu. Kila mmoja aliisha kuisikia mara nyingi na watu wengi wanaisoma ndani ya Biblia. Wanasoma kila siku, ijapo Biblia inaandikwa na alama ndogo sana. Wale wanasema leo kwamba wakongomani hawasomaki vitabu, hawaseme kweli. Ikiwa ni kweli... jee, wanasoma Biblia, kitabu kinene na maandiko madogo sana ? Kusema kweli, wakongomani wanaweza kusoma vitabu mbalimbali sababu wanapenda hadisi mbali mbali. Sawa hadisi ya nchii Kongo na Chaina.

Bana ya Kongo bayebi lisolo wana ya Ezau na Yakobo po batangaka Bibilia. Ndenge moko bakoki pe kotanga buku misusu, lokola oyo etali lisolo ya Kongo na Shine. Ezali lisolo ya kitoko.

Je ne suis plus votre frère

Les récits de voyage de Henry Morton Stanley sont de belles histoires.

Il raconte comment il avait été à la recherche et à la rencontre de Livingstone[8]. Il devait constamment négocier la traversée de royaumes, et obtenir une sorte de visa de transit.

Une fois, il rencontra le roi le plus accueillant qu'il aurait pu imaginer ; le chef lui souhaita la bienvenue avec le cadeau de quelques poules et chèvres pour nourrir son expédition, en précisant : « *Stanley, vous êtes devenu mon frère* ! » Le lendemain, le chef généreux envoya à Stanley un messager pour dire : « *maintenant que vous êtes devenu mon frère, Stanley, donnez-moi des tissus, des perles. Ceci et cela.* » Beaucoup de choses. Stanley fit un rapide calcul et il renvoya au chef ses poules et chèvres avec ce message : « *Reprenez vos cadeaux. Je ne suis plus votre frère !* » Car s'il est facile de se prétendre ami ou frère, on ne peut pas tout donner, même à un frère.

Le droit d'aînesse d'Esaü avait été vendu pour deux raisons. Il avait un besoin immédiat à satisfaire, comme la faim de la reconstruction du Congo à laquelle participe la Chine. Il pensait surtout qu'il mourra un jour. Alors, « *à quoi servira le droit d'aînesse ?* » De la même manière, le Congo pense qu'il a « *beaucoup souffert* ». Ce n'est pas la première fois qu'un désespéré qui se noie, et qui ne sait pas nager, s'agrippe à tout ce qu'il peut toucher.

Mais tout ce qui flotte n'est pas planche de salut ! Cela peut être un tronc d'arbre.

Ou bien un crocodile !

Hadisi ya msafiri Henri Morton Stanley ni tamu. Alisafiri kutafuta Docta Livingstone. Alipita vijiji vingi na katika kila kijiji alipashwa kuomba ruhusa ya sultani kusudi aendelee na safari yake. Siku mmoja akakutana na sultani mfurahivu sana. Huyu akampokea na kumutolea zawadi ya chakula kama vile kuku na mbuzi. Alisema : « eh Stanley, tangu sasa wewe unakua ndugu ». Kesho yake, sultani huyo akatuma ujumbe wake kumwambia Stanley : « hivi tuakua ndugu, unitolee sasa vyote taomba... Naomba mavazi, vikomo na vitu vingine vyako... » Stanley akakasirika na akamrudushia sultani kuku na mbuzi alimtolea mbele. Akasema hivi : « sasa, unduku kati yetu unaisha ». Kongo inapashwa kutambua kati ya nchii za kigeni, nani ni ndugu, nani ni rafiki. Ni kama Chaina ; inaweza kununua, sawa Jacobo, ukubwa wa undugu sababu ya tamaa ya wakongomani.

Ntango ndeko mobali Stanlee ayaka mbala ya yambo na Afrika, ba kabelaki ye basoso pe bantaba na mokonzi moko ya mboka
pe ayebisaki Stanlee te ozali ndeko na ngai.
Mokolo elandi, mokonzi wana ayebisi ye :
" pesa ngai mbongo po ozali ndeko na ngai ;
tokabola oyo ozali na yango…".
Stanlee asiliki pe ayebisi ye :
" Mokonzi, kamata basoso pe na bantaba nayo ;
nalingi kozala ndeko nayo te" !

Deux *Lumumba* camerounais

Pour savoir si quelqu'un est ami ou frère, il faut le connaître. Et avant de connaître les autres pays, et même la Chine, il faut bien connaître le Congo et son histoire. Certains événements et personnages du passé ne sont pas l'exclusivité des Congolais, ou d'une époque. Treize ans avant le Congo, un autre sous-continent avait obtenu une *indépendance immédiate*. Rapidement et dans la précipitation. Aussitôt, l'Inde s'enflamma si violemment que Mahatma Gandhi fut assassiné et les musulmans s'enfuirent pour créer *le pays des purs*, le Pakistan, dont se séparera le Bangladesh. Mais l'Inde s'est relevée ; elle est devenue un pays émergent.

En Afrique, et quatre ans avant les *martyrs de l'indépendance* de janvier 1959 à Kinshasa, des Camerounais avaient réclamé l'indépendance immédiate ; le 25 mai 1955, une répression sanglante par le colonisateur français causa 5.000 morts. Et au moment où la CIA américaine avait préparé d'administrer un poison mortel à Lumumba, le Camerounais Félix-Roland Moumié mourut empoisonné par un agent secret aux ordres de la France. Tout comme Lumumba, un autre camerounais, Ruben Um Nyobé, avait été un éveilleur des consciences, doublé d'extrémiste nationaliste ; Nyobé prit le maquis en 1957 ; il fut pourchassé et assassiné par l'armée française le 13 septembre 1958 dans la forêt de Boumnyebel, son village natal[9].

Comme Lumumba au Congo, Nyobé et Moumié ont été proclamés *héros nationaux* au Cameroun.

Kwa kutambua nchi ya kigeni ni ndugu ao rafiki ya wakonogomani, ni sherti kujua vizuri historia ya nchii yao. Hadisi ya Kongo inafanana ma nchii mbali mbali ya dunia. India ilipata uhuru myaka 13 mbele Kongo. Vita na fujo ikatokea India ; bwana Gandhi akauwawa na waislamu wakakimbia na kujenga nchii yao mupya ya Pakistani. Fujo ilimalizika na waindia walisimama na wakatimiza maendeleo ya nchii yao hadi leo. Hapa Afrika, wananchii 5.000 wa Kamerun waliuwawa na wa Fransa mwaka 1955 sababu waliomba uhuru ; lakini wa Beleji maliuwa watu 47 waliomba uhuru mwaka 1959.... Wakamerun wawili walikuwa kama Lumumba. Wa Fransa waliuwa na sumu bwana Félix-Roland Moumié. Pia bwana Ruben Um Nyobé aliuwawa na silaha. Na kama mukongomani Lumumba, Moumié na Nyobé, walitajwa shujaa wanchii Kamerun.

Ekolo ya Shine pe ba mboka misusu balobaka te bazali baninga pe bandeko ya Kongo. Po na koyeba soki ezali ya solo, landa liboso lisolo ya Kongo.
Ba mboka mingi bamonaki pasi sima ya lipanda, neti Ende. Félix-Roland Moumiee
na Roben um Nyobee, bilombe ya ekolo Kamerun, babomaka bango neti Lumumba.

Aruwimi ?

L'histoire du Congo est riche en systèmes politiques exprimés en de nombreuses appellations : État Indépendant du Congo, Congo belge, République du Congo, République Démocratique du Congo, Zaïre… Jusqu'en 1966, Kisangani avait été appelé Stanleyville. C'est le lieu de *la courbe du fleuve*[10], celui d'une révolution de la géographie. Lors de son deuxième voyage, Stanley rencontra et suivit une grande rivière. Le Britannique crut que la Lualaba était le cours supérieur du Nil, coulant vers le Nord, l'Égypte et la Méditerranée. Mais brusquement, la rivière tournait résolument vers la gauche, en direction de l'Ouest pour former le second fleuve du continent. C'est pour cela que le lieu fut nommé Stanleyville.

Un peu plus loin, le 1er février 1877, Stanley livra bataille contre les Basoko. L'endroit s'appellera Basoko et deviendra le chef-lieu d'un district nommé Basoko. Là débouchait de la rive droite un important affluent de 1.500 mètres de large. Stanley posa la question : « *quel est le nom de ce cours d'eau ?* » Mais on lui répondit en répétant sa propre question : « *Arouhouimi ?* » qui veut dire "*quel est le nom de ce cours d'eau ?*" Stanley était un nerveux. Il s'empressa de transcrire la réponse et de noter que la rivière s'appelait « Aruwimi ».

C'est ainsi que la rivière Lohale qui draine les eaux de l'Ituri sur 1.300 km et le district alentour s'appellent désormais *Aruwimi*… c'est-à-dire :

« Quel est le nom de ce cours d'eau ? »

Historia ya Kongo inaonesha kama nchii ilipewa majina mbali mbali. Iliitwa Inchi Uhuru ya Ko-ngo, Kongo Belge, Republika ya Kongo, Republika ya kidemokrasi ya Kongo, Zaire, na mara ingine Republika ya kidemokrasi ya Kongo... Vile vile mgini Kisangani uliitwa zamani Stanleyville. Ni nafasi ile jito Kongo inaacha kuelekea kaskazini na inaelekea Mangaribi. Mbele Stanley kufika hapo, alizani kua Lualaba ni mwanzo wa jito Nil ya Misri (Egypte). Kiisha kufuata njia ya jito mangaribi, Stanley alipambana kwa vita na watu wa kabila ya Basoko. Vita ilifanyizika kandokando ya mtoni mwengine mkubwa. Naye Stanley akawauliza watu : « mtoni huyu unaitwa jee ? » Nao wakajibu mu luga yao : « Aru Himi ? », ni kusema « unauliza jina la hii mtoni » ? Stanley akaandika kama mtoni huyo unaitwa « Aruwimi ». Tangu pale, mtoni huo na migini ya kandokando inaitwa « Aruwimi », maana yake : « jina la mtoni huyu ni jina gani ? »

Lisolo ya Kongo ezali kitoko koleka.
Mokolo ya liboso ya sanza ya mibale ya 1877, Stanlee akutanaka na bato ya mboka Basoko na mpebeni ya ebale ya Lohale. Atunaki : " nkombo ya mayi oyo nini "? Bazongisi ye : "ARU WIMI" ?
Oyo elingi koloba na monoko ya bango : " nkombo ya mayi oyo nini" ? Stanlee akomaki yango "Aruwimi". Kolongwa wana ebale yango ebengami ARUWIMI, nzoka ezalaki motuna : "nkombo ya mayi oyo nini " ?

Le baobab de Stanley

Auparavant, Stanley s'était rendu célèbre par son premier reportage de deux années jusqu'aux bords du lac Tanganyika où il souleva son chapeau pour saluer « Docteur Livingstone, je présume ! »[11]

La deuxième expédition fut davantage une exploration, financée par deux journaux : l'américain *New York Herald* et le londonien *The Daily Telegraph*. Sa plus grande découverte fut que le fleuve Congo se dirige vers tous les points cardinaux, excepté l'Est. Mais le plus extraordinaire est qu'après avoir coulé vers le Nord, la rivière tourne en direction de l'Ouest à l'endroit où il traverse la ligne de l'Équateur pour passer dans l'hémisphère Nord et, ensuite, il prend un second virage de 90 degrés en direction du Sud, à l'endroit où il retraverse l'Équateur pour passer dans l'autre hémisphère. Ainsi, ses deux grands affluents, l'Oubangui et le Kasaï gonflent et régularisent son débit en collectant et en lui amenant continuellement les eaux d'un nombre infini de rivières nourries par les saisons pluviales alternantes ; septentrionales et méridionales.

Stanley parcourut finalement 11.000 kilomètres en 999 jours. Soit presque trois années. Il arriva à Boma le 9 août 1877, et logea dans le creux d'un baobab. L'arbre gigantesque est caractérisé par sa couronne de branches dégarnies ; selon la légende, il aurait été planté à l'envers avec le feuillage sous terre et les racines à l'air libre !

Le baobab de Stanley existe toujours.
On peut le visiter.

Katika safari ya kwanza, Stanley alifika kando kando ya ziwa Tanganika. Ni huko alikutana na Docta Livingstone mgini ya Ujiji. Safari yake ya pili ilikuwa ya kutazama mtoni kubwa Lualaba na kui-fwata mpaka mwisho wake mu bahari. Ilionekana kama jito Lualaba inatoka kusini na inaelekea kas-kazini, inapinduka mangaribi na mwisho inaelekea kaskazini. Mito mikubwa miwili, Ubangi na Kasai, inapatia mtoni Kongo maji ya mvua kali inayonyesa mwaka nzima upande wa kaskazini na wa kusini. Safari ya Stanley ilikua na urefu wa kilometa 11.000 na ikadumu myaka mitatu. Tarehe 9 mwezi wa nane mwaka 1877, alifika muji Boma. Akalala ndani muti mkubwa saana unaitwa « baobaba ». Na muti huyu upo, hadi leo. Ukifika muji Boma, utauo-na.

Mobembo ya Stanlee na Kongo ebandaki na Zanzibar. Akomaki na enguma ya Boma, mokolo ya libwa ya sanza ya mwambi ya 1877.
Atambolaki onzela kilometre 11.000 na mikolo nkama libwa na ntuku libwa na libwa.
Asalaki mibu misatu kolongwa mayi
ya osean ya Ende ti na osean ya Atlantike.
Na enguma ya Boma, Stanley alalaki na kati ya nzete moko ya munene. Nzete wana ezali nanu ti lelo oyo. Nkombo na wango baoba.

Carte postale envoyée en 1903 montrant des visiteurs au baobab de Stanley à Boma.

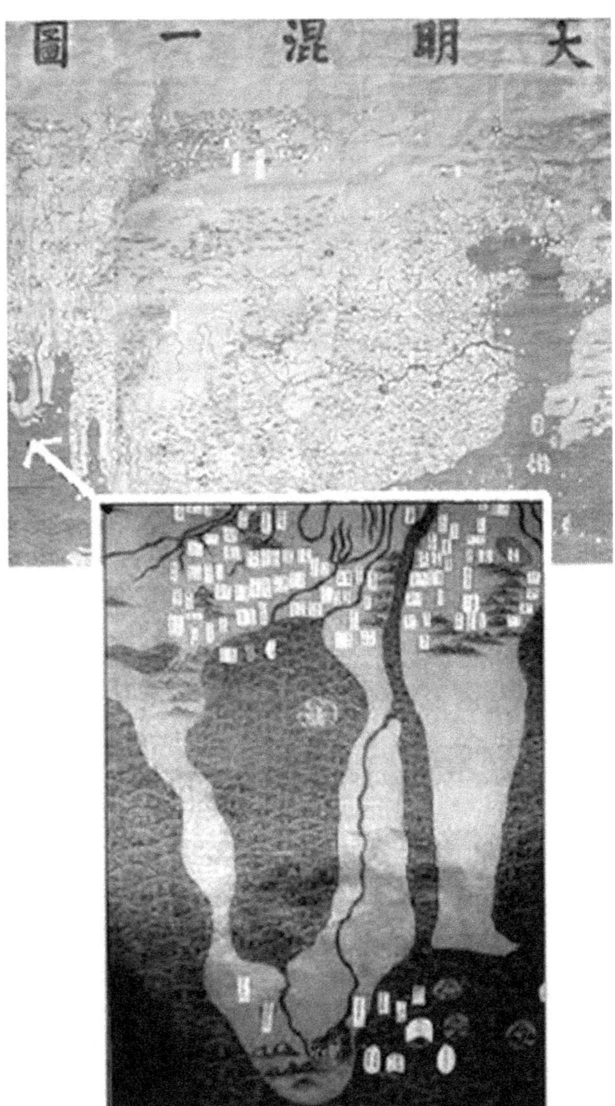

Détail de la carte chinoise du monde Da Ming Hun Yi Tu *(1389).*
Le bas de l'extrémité gauche esquisse une Afrique centrale (Congo)
comme un énorme lac intérieur.
Effectivement, le Congo est gorgé d'eaux et de rivières.

Terra ignota

De Boma, Stanley se rendit à Luanda pour prendre un bateau qui le ramena à Zanzibar, son point de départ en 1874. Rentré en Europe, le Britannique proposa le Congo à Londres, avant de passer au service de Bruxelles en 1879.

Jusque-là, le Congo était invisible à partir de toutes les côtes maritimes : de la Méditerranée, de la mer Rouge, de l'Océan indien et de l'Atlantique. Le portugais Bartolomeu Dias avait exploré les pourtours de l'Afrique en 1488 ; mais il n'avait pas aperçu le pays Congo. Tous les navigateurs en soupçonnaient l'existence, et on prit l'habitude de désigner la région centrale du continent comme une « terre inconnue » ou *terra ignota*[12]. Il en fut de même avec le *Da Ming Hun Yi Tu*, une immense peinture chinoise réalisée en 1389 sur un tissu en soie de 17 mètres carrés pour représenter le grand empire Ming[13] ; la carte esquissait l'Afrique, avec en son milieu, un immense Congo esquissé comme une mer intérieure. Dans les siècles qui suivirent, toute la côte africaine fut constellée de ports et de comptoirs à partir desquels opérèrent des navigateurs, des marchands et des pays européens, d'Afrique du Nord et d'Asie. Du Congo, on ne connaissait que l'embouchure aux eaux puissantes et tumultueuses. Le plus extraordinaire dans le voyage transcontinental de Stanley est que, venu de l'Est, il était entré par l'arrière pour sortir par ce qui deviendra la porte d'entrée du futur pays.

Un pays béni et couronné, au cœur du continent.

Stanley alikuwa mungereza. Pale alitoka Boma, alielekea Luanda kwa kupanda mashua ya bahari ilimupeleka Zanzibar fasi alianzaka safari yake. Aliporudi Ulaya, alionesha inchi yake ya Ungereza kama Kongo itaweza kuwapatia faida kubwa. Wangereza hawakupenda. Ni vile Stanley alimtumikia mfalme wa Ubeleji. Mbele ya safari kubwa ya Stanley, hakuna aliejua nini ilipatikana ndani ya Afrika, nafasi ya nchii Kongo. Wataalamu wote walikua wakisema eneo ya kati ya Afrika ni « nchii isiyo julikana ». Nao wana nchii wa Chaina walizania kama Kongo, ao sehemu ya kati ya Afrika, ilikua ni ziwa kubwa.

Mobembo ya Stanlee elakisi monene ya etando ya mboka Kongo.

Jamais… une guerre de l'eau !

Effectivement, le Congo est comme une tête couronnée d'une chevelure ruisselant de tresses de myriades de rivières. Les craintes d'épuisement et de partage des eaux, et même de « guerres de l'eau »[14], font découvrir que le Congo est l'unique pays au monde, malgré le voisinage de neuf autres, qui englobe et qui contrôle l'intégralité d'un tel cours d'eau, de sa source à son embouchure. Ses 4.700 kilomètres en font le deuxième d'Afrique. Il est le deuxième au monde par son débit de 41.800 M^3 par seconde. C'est aussi le fleuve le plus profond, jusqu' à 228 mètres à certains endroits… Ses nombreux affluents forment un réseau naturel de 15.000 kilomètres de voies navigables. Autant de routes fluviales qui mènent toutes à Kinshasa. Et pour cela, la localité deviendra la capitale du pays.

Mais il arrive qu'un avantage cache un énorme désavantage. À partir de Kinshasa, des cascades infranchissables empêchent de poursuivre la navigation vers l'embouchure, la mer et le monde entier pour y envoyer des produits et en ramener. Kinshasa est un cul-de-sac, un terminus fluvial. Il faut tout débarquer et tout transférer des embarcations à la voie terrestre. Et vice-versa. Tous ces transbordements sont coûteux. Atteindre Matadi prenait trois semaines par la route des caravanes. C'était désastreux.

C'est pour cette raison que trois années avant la création de l'État, Stanley avait proclamé, en 1882, que « *sans chemin de fer, le Congo ne vaut pas un penny* » !

Nchii ya Kongo ilipewa baraka kubwa sana. Wakati nchii zingine zinateswa na ukofu wa maji, hata myaka ijayo watagombana vita na kupigania maji. Baraka kubwa ya nchii ni jito Kongo. Hii jito nzima, tokea mwanzo mpaka mwisho na urefu wote wa kilometa 4.700 inapatikana ndani ya inchi moja ya Kongo. Tena kuna mitoni na ziwa mengi yakuweza kusafiri inchini Kongo kwa urefu wa kilometa 15.000. Mitoni yote inaelekea Kinshasa. Ndio maana Kinshasa ilifanyiziwa muji mkuu wa inchi. Lakini toka Kinshasa kuelekea Matadi hadi bahari Atlantiki, ni lazima kusafiri inchi kavu. Sababu sehemu ile ya jito Kongo ina mawe na meli haiwezi kupita. Ni kwa hiyo mwaka 1882, Stanley alisema..... «Kongo bila njia ya reli ni bure »

Ebale ya Kongo ezali na kilometre 15.000 oyo maswa ekoki kotambola. Ezali nzela po
na kolongwa bipai na bipai pe kokoma Kinshasa. Yango wana Kinshasa ekomaki kapitale ya mboka. Kasi maswa ekoki kotambola na ngele ya Kinshasa te po na makasi ya mayi pe mabanga. Yango wana bato bazalaki kotambola na makolo, mikolo nkutu mibale na moko po na kolongwa Kinshasa
ti Matadi. Yango wana Stanlee alobaka :
" Kongo ezali na mbano te, soki ezangi nzela
ya engunduka".

Les premiers Chinois

Stanley n'avait pas dit exactement cela. Il avait plutôt exposé un grand problème et sa solution[15]. « *Il est démontré qu'il est possible de relier le bassin supérieur du Congo à la mer... Mais, dans son état actuel, le bassin du Congo ne vaut pas une pièce de monnaie de deux shillings. Pour le rendre profitable, il faut construire un chemin de fer qui relierait les cours inférieur et supérieur du fleuve. C'est l'accessibilité à l'Atlantique qui donnera de la valeur au Congo. Pour y arriver, il faudrait créer une compagnie pour construire la voie ferrée ; il faudrait aussi avoir le contrôle sur les terres à traverser... »*[16].

À l'époque, les États-Unis avaient aussi décollé leur développement économique et industriel grâce à la construction de réseaux ferroviaires d'une côte à l'autre, et reliant plusieurs États.

C'est pour répondre à la vision ferroviaire de Stanley que les premiers Chinois débarquèrent en 1893 à Boma. Ils avaient voyagé par la mer depuis l'Extrême-Orient jusqu'à la côte occidentale de l'Afrique, mais orientale de l'Atlantique où une plage tropicale se dressait en un mur de falaises sablonneuses. Ils furent rassurés par la vue des eaux boueuses, semblables à celles du delta du fleuve des Perles de la péninsule de Macao, leur lieu de provenance. Rassurés aussi que, de part et d'autre de la bouche du fleuve, on parlait le portugais, la seule langue étrangère qu'ils avaient entendue jusque-là[17]. Les premiers Chinois étaient des ouvriers du rail.

Stanley alikuwa anafikiri. « Namna gani inchi itapata faida na maendeleo pasipo kuunganisha sehemu ya juu na sehemu ya chini ya jito Kongo ama Kinshasa na Matadi. Sababu ni lazima kusafiri na bahari na kuenda nchii zingine za dunia ! » Ni lazma kujenga njia ya reli. Pasipo reli hakuna faida wala maendeleo. Hata nchii ya America imeanza na kufuruliza maendeleo yake na njia ya reli iliounganisha migi mikubwa. Ni matimizo ya mawazo ya Stanley iliwaleta wachaina. Wa kwanza wakafika muji Boma mwaka 1893. Wakawa wafanya kazi kwa kujenga njia ya reli.

Bashinwa ya liboso bayaka na Boma na mobu 1893. Bango nde basalaka nzela ya engunduka kolongwa Matadi ti Kinshasa. Ntango wana, na ba Amerike bazalaki na posa ya kotongisa nzela ya engunduka. Na mobu 1895, ndambo ya bana ya Kongo bakendeki kotonga nzela ya engunduka na Shine ya kilometre 1.200. Sikoyo bana ya Kongo bakomi kozela Bashinwa baya kotongola bango Kongo.

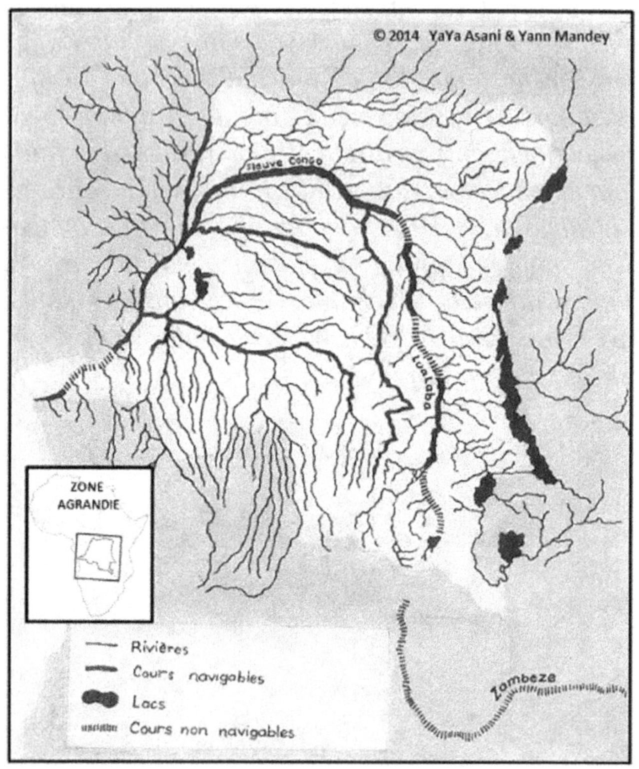

Le Congo est « un pays d'eaux »

Le bassin fluvial a 3.700.000 kilomètres carrés, striés par des my-
riades de tresses de rivières convergeant à Kinshasa.
Le pays compte 15.000 km de voies navigables,
équivalant à autant de routes.
Et même, ce sont les cours et les étendues d'eau qui ont le plus servi
à dessiner les frontières avec les 9 pays voisins.

La source et l'embouchure sont dans le même pays.
Ici, pas de guerre « de l'eau »,
mais plutôt une guerre « pour l'eau » ; une eau non polluée.

Timbre postal commémorant, en 1948, les 50 ans de l'achèvement du chemin de fer Matadi-Kinshasa, en 1898.

Devant le monument des pionniers du rail Matadi-Kinshasa :
« ils ont ouvert cette terre à l'Humanité »
(Aperire terram gentibus).

Le chemin de fer "congolais" en Chine

Un quart de siècle plus tard, et 4.000 kilomètres en amont, la logique du rail s'imposa là où le fleuve Congo prend source, dans le Sud-Est du pays, au Katanga minier. La première production de cuivre avait été chargée sur des chars à bœufs ; mais le convoi mit une année pour atteindre la côte angolaise[18]. Sans le rail, même le cuivre n'aurait pas eu de valeur marchande. Aussi, on embrancha Lubumbashi sur le chemin de fer qui remontait du Sud par Kapiri Mposhi, Bulawayo et Capetown sur l' Atlantique. On ouvrit d'autres voies de sortie vers Beira au Mozambique, Dar-es-Salaam en Tanzanie et Lobito en Angola.

Mais il n'existait toujours pas de liaison terrestre ou fluviale Sud-Sud dans l'Est du pays. Il fallait un chemin de fer intérieur ; ses 1.121 km furent réalisés en cinq ans. Et une partie du cuivre du Katanga fut obligé d'emprunter cette « voie nationale », par rail jusqu'à Ilebo où il était transbordé sur des barges fluviales à destination de Kinshasa, pour atteindre Matadi, par rail. Un coût élevé du transport ferroviaire interne du cuivre avait permis de financer le rail pour le transport des personnes et des autres biens. En contrepartie, les convois des minerais avaient priorité !

Chose extraordinaire, le bâtisseur du rail interne congolais revenait de Chine. Et pendant que Jean Jadot y construisait un chemin de fer de 1.200 km entre Beijing et Wuhan[19], des ouvriers Chinois piochaient sur le rail entre Matadi et Kinshasa, puis entre Boma et Tshela, où est né Joseph Kasavubu.

Lazima ya njia ya reli ilionekana jimbo Katanga. Shaba ya kwanza ilichukuliwa na wa ngombe kuele- kea Angola. Hii safari ikadumu mwaka mmoja. Ndio maana waliunganisha muji Lubumbashi kwa reli ya Kapetauni Afrika ya kusini na reli ingine ilielekea Beira, Dar Es Salam na Lobito. Inchini Kongo, mtaalamu Jean Jadot akajenga njia ya reli ya urefu wa kilometa 1.121 kutoka Katanga ya kusini na kufika Ilebo juu ya kuchukuwa shaba hadi Kinshasa na Matadi. Mbele ya hayo, Jean Jadot alirudi Chaina kule akajenga mu jina ya Kongo reli ya urefu kilometa 1.200. Hadisi hii ni ya maas- tajabu : wakati Kongo ilijenga reli mu Chaina, wachaina walikuwa watumishi wadogo wa reli kati ya Matadi na Kinshasa, pia Boma na Tshela amba- ko Joseph Kasavubu amezaliwa.

Enjeniele moko, Jadot, ye nde atongisaka nzela ya engunduka na Shine. Yango wana, engumba ya Likasi na Katanga, ebengamaka Jadotville. Katanga pe azalaki na posa ya nzela ya engunduka.
Ba ngombe nde ememaka kwivre ya Katanga ti Lu- anda na Angola. Mobembo wana ezalaki kozwa mobu moko. Sima nde Jadot atongisaki nzela ya engunduka na kati ya ekolo. Kolongwa mobu 1928, mabanga ekomaki kowuta Lubumbashi ti Ilebo ; Ilebo ti Kinshasa na maswa ;
Kinshasa ti Matadi na nzela ya engunduka.

La tribu *kongolaise*

L'ingénieur des chemins de fer en Chine et au Congo prêta son nom à Jadotville ; la ville fut rebaptisée en Likasi par Mobutu en 1966. Par la suite, Mobutu n'alla pas loin pour changer en 1971 le nom du pays : de Congo en Zaïre. Les Portugais utilisaient déjà les appellations Congo et Zayre pour désigner le même fleuve. C'était l'une ou l'autre appellation. On explique que le mot Zaïre viendrait de Nzadi, qui signifie "rivière". Mais en 2010, l'abbé Paul Nzinga N'ditu a démontré que pour les Solongo et les Woyo, les riverains de l'embouchure du fleuve, le mot Nzadi avait toujours signifié « amant » ou « fiancé »[20]. Ce sont les Portugais qui avaient nommé la rivière Nzadi et, ensuite, européanisé le mot en Zayre[21].

Néanmoins, une grande vérité unit les deux appellations de Congo et de Zaïre : ce sont l'embouchure et le fleuve qui ont toujours donné le nom à tout le pays : avec les Portugais, avec les Belges, avec Mobutu, avec les Congolais. L'autre vérité est que le terme Congo est le nom de l'ancien royaume de Kongo qui s'étendait de part et d'autre de l'embouchure et en amont du fleuve. Cela est extraordinaire ! Congo est le nom d'une ethnie ; celle des Ba*kongo*.

Voilà ! Les habitants du deuxième pays le plus étendu d'Afrique, issus de 250 tribus s'exprimant en huit familles linguistiques et parlant 212 langues[22], sont appelés des *kongo-lais*. Et ils acceptent cela. Pour partager le destin de fonder une seule tribu moderne : la nation *kongo-laise*.

Kwa sifa ya mtaalamu Jean Jadot aliejenga njia ya reli inchini Chaina na Kongo, muji wa pili mu Katanga ulipokea jina Jadotville. Mobutu akageuza jina hiyo na muji ukaitwa Likasi. Mobutu akabadirisha pia majina mengine. Mwaka 1971, Kongo ikawa Zaire. Tangu zamani sana, waportugezi walikuwa wanaita jito kubwa na majina mawili : Kongo, wala Zayire. Historia inaonesha kama ni jina ya jito ilipatia jina inchi Kongo, na vile vile Zaire. Kusema yote, hii jina Kongo inatoka kwa ufalme Kongo wa kabila ya Bakongo. Leo hii watu wa makabila 250 wanaosema luga 212, wote wanakubali kuitwa Wakongomani, japo jina hii ni ya kabila ya Bakongo.

Na mobu 1966 Mobutu abongolaki nkombo ya Jadotville. Na 1971 nkombo ya Kongo. Tozali komituna epai wapi azwaka nkombo ya Zayire.
Liboso te Babeleje bakoma na Kongo, Balukesu (portugee) bazalaki Kobenga ba nkombo nyonso mibale " Kongo na Zayire " po na ebale ya Kongo. Kasi nkombo ya Kongo ezali liboso nkombo ya bato ya "Bakongo". Biso nyonso tokoma bato ya mboka moko " Bakongo " !
Tokoma Bana ya Kongo : " Bakongolee " !

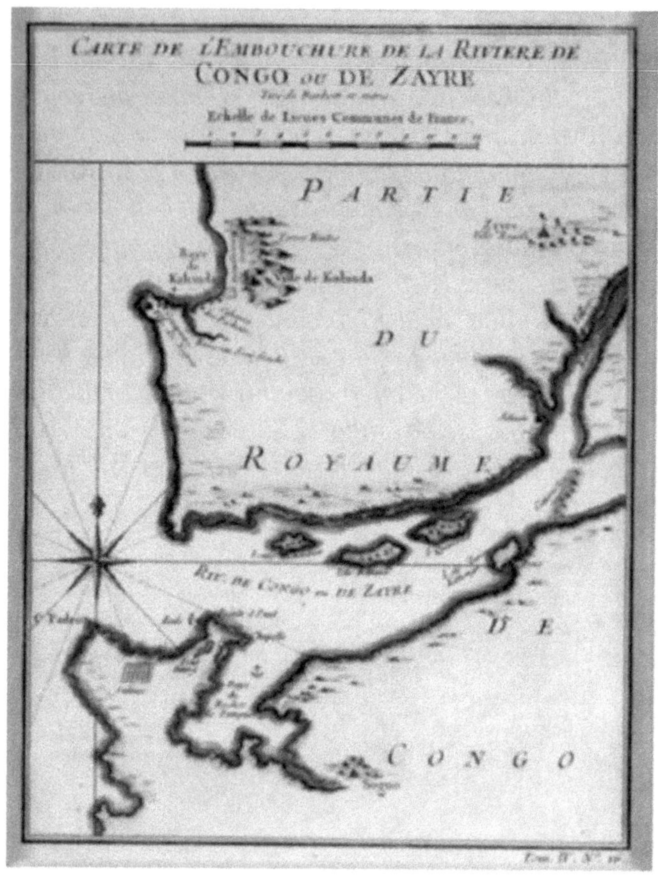

Une carte de 1748 désignait
l'embouchure de la rivière « de Kongo » ou « de Zayre ».

Le vocable "Zayre" pourrait provenir de la langue arabe
dans laquelle "l'embouchure « zaïr »"
*signifie "l'embouchure « **qui pousse des rugissements de lion** »" !*
(Nb. Explication en note Nr 21)

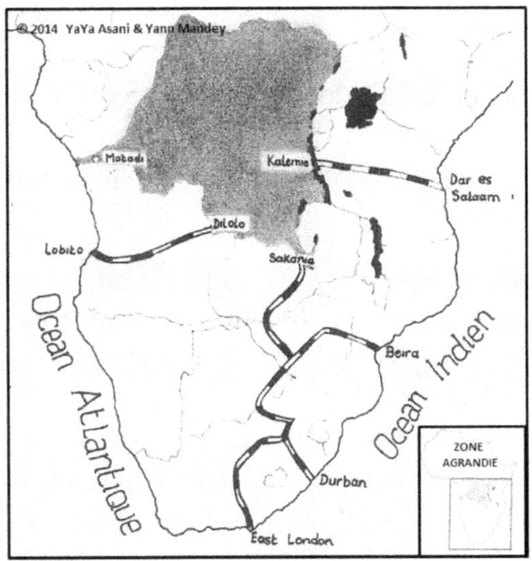

Le cuivre du Katanga devait trouver des voies ferroviaires,
mais il n'en existait pas dans le pays même…

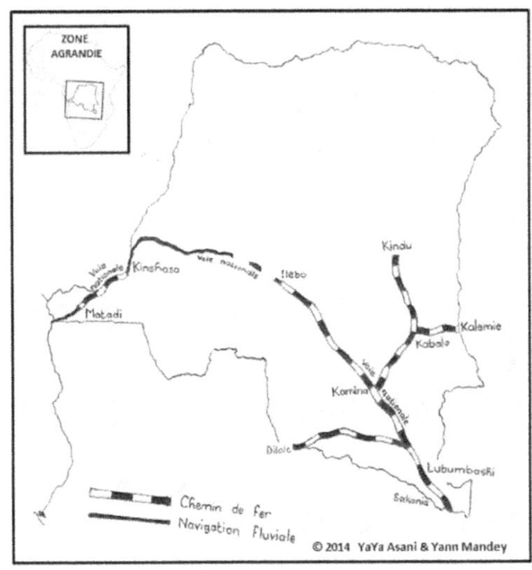

… la toile du réseau ferroviaire soutiendra le développement du
Sud-Est du pays avec le transport des minerais
par la « voie nationale ».

Les *"batoka tshini"*

L'embouchure du fleuve est en terres *basses*, et cette région s'appelle le *Bas*-Congo. En langue swahili, les ressortissants du coin sont nommés des « batoka *tshini* » : des gens d'en *bas* !

La région dépendait de Lisbonne. Il a fallu la négocier. Le 25 mai 1891, le Congo obtint la rive nord de l'embouchure et 37 km de façade atlantique, qui donneront 80.460 km^2 de territoire maritime prometteur en pétrole. Mais cela découpa les terres portugaises avec, au sud, le Benguela qui deviendra l'Angola et, au Nord, le protectorat de l'enclave de Cabinda. Les populations de l'embouchure n'eurent ni le droit ni l'occasion de choisir entre leur destin traditionnel et le statut de colonisées, ni entre Bruxelles et Lisbonne. Riche en pétrole, le Cabinda se verra refuser la sécession, même après que l'Angola aura découvert des ressources pétrolières bien plus importantes en haute mer. Et un attentat de séparatistes cabindais endeuillera l'équipe du Togo qui venait participer à la coupe d'Afrique de football de 2010. Le même traité de 1891 octroya au Congo le port de Matadi sur la rive gauche du fleuve.

De là, la frontière terrestre Sud est une ligne droite courant d'Ouest en Est, sur la même latitude géographique jusqu'à la rivière Kwango, avant de suivre le cours supérieur du Kasai. On s'apercevra plus tard que l'Angola a obtenu les puits de diamants kimberlitiques, tandis que les rivières d'origine angolaise charrient la fortune des diamants alluvionnaires au Kasai et au Bandundu.

Eneo ya Bakongo ni fasi jito Kongo inajitupa ndani ya bahari Atlantique. Sehemu hii ilitawaliwa na waportugeze. Kusudi kupata namna ya kuelekea bahari, nchii ya Kongo ilipashwa kuendesha mazungumuzo na Uportugali. Mwaka 1891, kukawa makubaliano na Kongo ikapewa sehemu ya inchi tangu Banana, Moanda mpaka Boma na Matadi. Ile sehemu ikagawanya Angola na Kabinda. Wakaaji hawakupewa nafasi ya kukusudia kama watatawaliwa na waportugeze ao na wabeleji. Makubaliano ya mwaka 1891 ilisimika mipaka ya kusini ya inchi Kongo na Angola. Nayo Angola ikajikuta na mingoti ya diamant. Lakini maji ya mtoni ya kutokea Angola ilipeleka utajiri wa diamant hadi majimbo ya Kasai na Bandundu.

Kongo, mboka monene ezalaka te. Mindele
Portige, Angele, Franse pe Aleman nde bayokanaka
bokaboli ya ba mboka oyo ekangama nzinga nzinga
na Kongo. Na mobu 1891, Portigal apesaka na
Kongo ndambo ya ebale, osean ya Atlantike
Na Banana pe na Moanda.
Yango ezalaki kokabola Angola na Kabinda.
Bapesaka pe Matadi po na libongo ya maswa.
Kolongwa Matadi, ndelo ya Kongo na Angola elandi nzela moko tii na Kwango, pe na Kasai.

Aimez-vous la viande ?

Après le Kasai, la frontière court à l'Est en suivant la ligne de partage des eaux du Zambèze et du Lualaba (Congo), passant des Portugais aux Britanniques jusqu'aux étendues marécageuses du Lac Bangouélo. Une partie de cette région venait d'être occupée par des chasseurs-marchands organisés, venus de Tanzanie.

Tous les livres d'histoire parlent du commerce et de l'esclavagisme vers l'océan indien et Zanzibar avec ses sultans asiatiques venus d'Oman. Il y avait également une filière d'esclavagisme vers l'Angola ; la traite ne prit fin qu'en 1906 avec le démantèlement de guerriers qu'on qualifie de résistants à la pénétration coloniale, alors qu'ils défendaient un commerce macabre avec des esclavagistes portugais qui leur fournissaient armes et munitions. Les captifs arrivaient à Saint-Paul-de-Luanda comme d'ordinaires porteurs de caravanes ; on les embarquait pour Sao-Tomé et, de là, pour l'Amérique latine. Des Baluba de Kikondja ont été retrouvés en Guyane néerlandaise (*Suriname*) !

Pourtant, le Portugal avait aboli l'esclavage en 1869. À Luanda, le fonctionnaire portugais pensait bien faire en demandant aux voyageurs : « êtes-vous des hommes libres ? », « acceptez-vous de partir sur ce bateau ? ». Il leur parlait en portugais et il notait qu'ils répondaient tous « OUI », et avec enthousiasme. En fait, l'interprète du trafiquant demandait aux captifs et en langue kiluba : « aimez-vous la viande ? », « voulez-vous en manger ? ». Et eux, ils répondaient « OUI »[23] !

Kutoka mtoni Kasai, masikilizano na wauportugeze na wangereza ilionesha kwamba, mpaka na inchi zingine, Angola na Zambia, itakua mitoni ya jito Zambezi kufika ziwa Banguwelo. Zamani, upande wa Kongo, waliendesha uchuuzi wa watumwa. Hawa walisafirishwa wamoja sehemu ya Zanzibar, na wengine walipelekwa Angola hadi Amerika ya kusini. Katika muji Luanda, inchini Angola, kiongozi wa asilia ya kiportugeze alikua akiwauliza watu hao katika luga yake : « Nyinyi mupo watu uhuru ? Munakubali kusafiri hadi nchii za mbali ? » Nao walijibu na furaha : « Ndiyo ! Ndiyo ! » Kusema kwa haki, wachuuzi walipinduza maulizo mu luga ya kiluba na kusema : « Munapenda kula nyama ? ». Na wote walijibu na furaha : « Ndiyo ». Ni hivyo Waluba wa Kinkondja (Katanga) walijikuta inchini Guyana Hollandaise. Huu uchuuzi wa watumwa ulimalizika mwaka 1906.

Na ngambo ya ebale ya Kasai, ekolo Kongo ekabwani ndelo na Angola pe Zambi na ba teritware pene na bibale ya Zambeze na ya Kongo. Epai wana nde esika bakangaka bato po na komema bango na Luanda, sima na Sao Tome ti na Amerike. Na Luanda bazalaki kotuna bango na ki lukesu soki bango moko balingaki koya. Bango bazalaki kondima "boye". Pona nini ? Nzoka na monoko ya kiluba motuna ezalaki : " bolingaka kolia ngombe ?". Bango bazalaka koyanola "boye"!

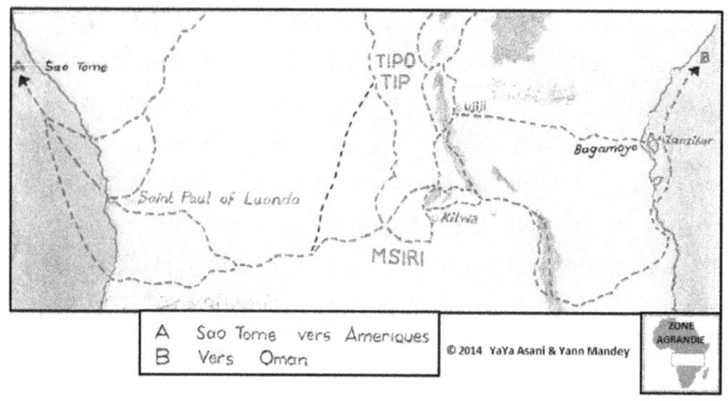

Principales routes commerciales et de trafic des esclaves
vers l'Est (Zanzibar/Oman) et vers l'Ouest (Sao Tome/Amériques)

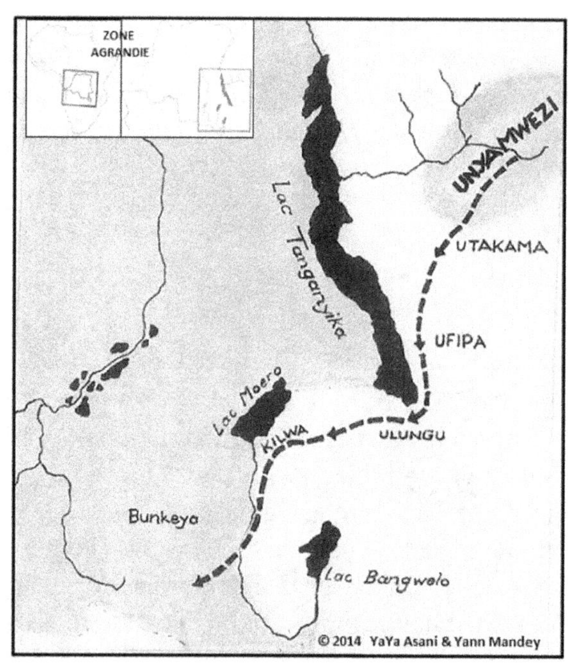

Après un premier séjour en 1856,
Msiri immigre de l'Unyamwezi (Tanzanie) en 1860.
Il s'autoproclame roi en 1870.

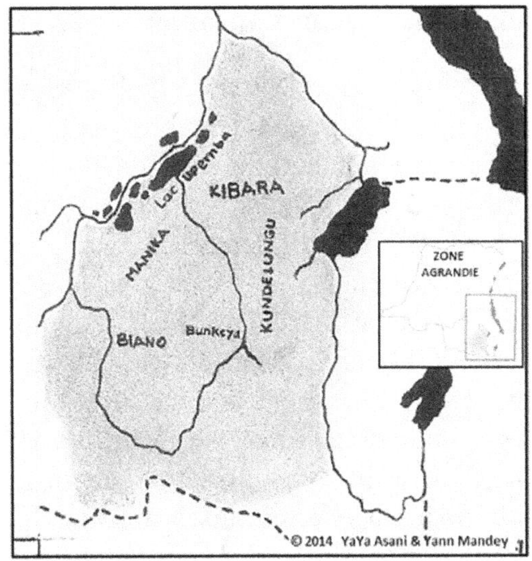

L'étendue du royaume de Msiri
Qui a duré de 1870 à 1892.

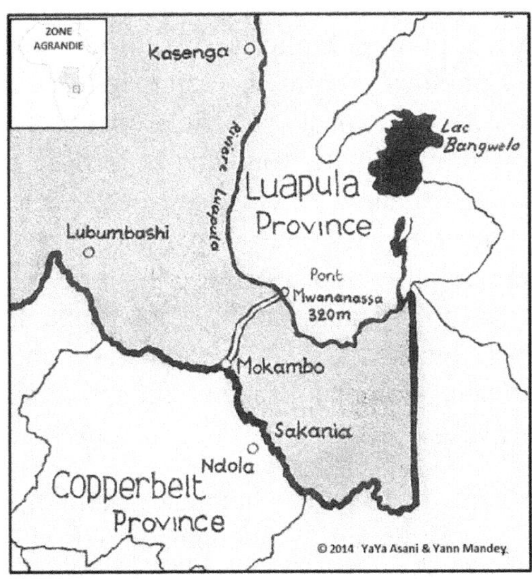

La botte du Katanga tracée en ligne droite, et la route zambienne.

Un Anglais fait tuer un Tanzanien

L'accord frontalier de 1891 avec Lisbonne accéléra la course entre Londres et Bruxelles pour la zone d'influence sur les hauts plateaux du Katanga. Là, un Tanzanien, sans ascendance royale, s'était auto-proclamé roi. Il y régnait depuis 21 ans. Le chef de la mission belge était William Stairs, un sujet britannique ! Qui allait-il servir ? Le Britannique envoya le Belge Omer Bodson qui tua Msiri[24] le 20 décembre 1891. Et la zone tomba sous l'influence belge. Les populations n'avaient pas le choix de leur sort. Déjà asservies par un étranger noir, elles étaient destinées à être soumises à Bruxelles ou à Londres, et à devenir congolaises ou zambiennes. Même les personnes venues de Tanzanie restèrent au pays et sont devenues des Congolais.

Plus tard, il fallut délimiter le territoire et poser les bornes frontalières entre le Congo et la Zambie. Aux abords de Kipushi, l'officier belge Fernand Gendarme[25] manœuvra pour que la localité ne soit pas du côté britannique. On y avait trouvé les vestiges archéologiques d'une importante exploitation artisanale de cuivre qui avait fourni jusqu'à 30.000 tonnes, ce qui signalait un riche gisement. Le soir venu, le Belge invita ses homologues britanniques, les lieutenants-colonels Peake et Clough, à partager quelques whiskies.

Et, profitant de la bonne humeur générale, il leur suggéra que « demain, il sera plus simple de poursuivre la démarcation entre les deux territoires selon le tracé du sentier que les populations locales empruntent déjà ! »

Ile mwaka 1891 wa makubaliano na nchini Uportugali sehemu ya Angola, ilifaa kusikilizana na Ungereza mipaka ya Kongo na nchii Zambia. Mtoka Tanzania moja alikuwa natawala sehemu ya Katanga ya kusini tangu muda ya myaka makumi mawili. Mungereza Stairs alituma mubeleji Bodson kuuwa M'siri. Na upande wa Katanga ya kusini ulipita ngambo ya Kongo. Ni vile watoka Tanzania waliingia vile vile katika jamaa ya wakongomani. Mipaka ya Katanga ya kusini ina hadisi ingine. Ofisa wajibeleji, bwana Fernand Gendarme, alilewesha Wangereza na pombe ili upande wa Kipushi na mali nyingi ya shaba ipite ngambo ya nchii Kongo. Walevi, wangereza waliitika kua mpaka nafasi ya Kipushi utafwata njia ya wakaaji wa muji.

Na mokolo ya ntuku mibale na sanza ya zomi na mibale ya mobu 1891, babomaka mokonzi moko awutaka na Tanzani. Yango wana territware ekomaki ya Kongo. Batu oyo bawutaka na Tanzani, bakomaki bana ya Kongo.
Na Kipushi, kolonel na nkombo ya Djandarme alangwisaka ba Angele masanga. Na nse ya kwiti bango batikelaki Kongo mabele ya Kipushi.

Le roi d'Italie trace la frontière

Toute la nuit, Fernand Gendarme et ses hommes s'activèrent à débroussailler et à tracer à toute vitesse un tout nouveau sentier qui contournait, par l'Ouest, les gisements de cuivre et de zinc de Kipushi ! Le lendemain, le chemin nocturne fut considéré comme le sentier traditionnel, et devint la frontière ! Et Kipushi devint congolaise[26]. Le rapport officiel de la démarcation de la frontière indique que *l'embranchement du chemin de fer de Munama à Kipushi traversait la crête de partage et passait par le territoire rhodésien par intermittence... La bonne foi des techniciens ayant été reconnue et le terrain ne paraissant offrir aucune valeur économique évidente, l'empiétement a été maintenu*[27].

En 1959, les colonisateurs ont envisagé d'échanger des terres zambiennes contre une partie de la botte du Katanga[28]. Finalement, une route de 70 km traverse le Congo et relie les provinces zambiennes du Copperbelt et du Luapula[29]. Cette extrémité Sud du Congo a une autre histoire. En 1894, on fit intervenir, comme arbitre, le Roi Humbert 1e d'Italie ; celui-ci prit la carte et sa plume, et il découpa la botte katangaise en une ligne droite du nord au sud, au niveau du Lac Bangouélo. Cet arrangement fut facilité par les besoins du Congo du côté de l'extrémité Nord. Ainsi, un même traité délimita à la fois le Nord et le Sud. Ce jour-là, le 12 mai 1894, à Bruxelles, le Congo obtint ses dernières limites territoriales définitives. Elles n'ont plus jamais changé depuis plus d'un siècle.

Usiku kati, Fernand Gendarme na watu wake wakakata mbiombio majani na wakafungua njia mupya yakuzunguuka muji. Na Kipushi ikatiwa upande wa Kongo. Asubui, wangereza wakaitika njia hii mupya kama vile ni njia ya zamani, na mpaka wa inchi Kongo na Zambia. Mwaka 1959, wangereza waliomba wabeleji kipande cha kusini ya Katanga juu ya kuunganisha sehemu ya Zambia ya mashariki na ya mangaribi bila kupita njia ndefu ya kuzunguuka Kongo. Uhuru wa 1960 haukutimiza ile ombi. Leo hii, wana Zambia wana njia ya kupitia Kongo tokea Copperbelt kufika Luapula kwa gari. Masikilizano kati ya wabeleji na wangereza ilimalizika tarehe 12/05/1894 kuhusu pande tatu ya Kongo : kusini, mashariki na kaskazini. Ni tarehe kubwa sababu Kongo alitimiza mipaka ya inchi nzima. Mipaka hii yasipoweza kubadirishwa tena, ndiyo inaifanya Kongo.

Ndelo ya ekolo Kongo na ngambo ya Este ezalaka pasi mingi po te ekabolama kati ya Londre na Brussele. Mokonzi ya Italii nde akataka likambo yango. Mokonzi oyo apasolaki nzela ngambo ya laki Bengwelo.
Na mokolo ya ntuku moko na mibale ya mobu 1894 nde frontiyere ekabolaki
na ngambo Zambi na Kongo.

L'os d'Ishango

Après la délimitation du Katanga, la frontière orientale du Congo est un alignement vertical de rivières et des lacs Tanganyika, Kivu, Edouard et Albert. À cette extrémité Nord, le pays était enclavé et isolé à la fois de l'Océan indien et de l'Atlantique. Mais de l'autre côté, les Britanniques avaient Rejaf, le premier port de la navigation sur le Nil, en direction de la Méditerranée et du reste du monde. Cette frontière orientale du Congo longe le berceau de l'Humanité. Au Sud-Est : l'homme d'Olduvai du grand Rift africain. À l'Est : Lucy du Hogar éthiopien. À l'ouest : Tumai du Tchad, vieux de 6 à 7 millions d'années. C'est de là, il y a environ 68.000 ans, que les premiers hommes étaient partis peupler tous les autres continents. Il n'est pas étonnant que Nuwa, la déesse chinoise créatrice de l'humanité n'ait que 6.200 ans ! Cette voie du Nord place le Congo dans l'Histoire universelle. L'os d'Ishango[30] qui atteste 23.000 ans de pensée arithmétique est congolais. Les fameuses fables de Jean de la Fontaine étaient remontées du Congo par l'Égypte, la Mésopotamie, la Grèce et Rome[31].

Même le grand général romain, qui avait annoncé la conquête de la Gaule avec le message concis *« je suis venu, j'ai vu, j'ai vaincu »*, avait préparé une conquête qui aurait pu bouleverser le cours de l'Histoire[32]. Mais la veille de son départ de Rome pour rejoindre son armée, il fut assassiné. Des troupes avaient été rassemblées à Rejaf, en vue de conquérir le Congo.

Elles attendaient Jules César[33].

Upande wa mashariki, mipaka ya Kongo inatoka kusini na inaenda kaskazini kandokando ya mitoni na ziwa ya Tanganika, Kivu, Edouard na Albert. Pale kaskazini, wangereza walitawala muji Rejaf kandokando ya mtoni Nil inayoteka tangu Sudan mpaka Misri na bahari Mediterranea. Ni pale mashariki ya Kongo, Mungu aliumba Mtu. Leo hii, kunapita miaka 68.000, wabinadamu walienda kuzaana dunia mzima. Ni hivyo watu wa kabila na rangi mbalimbali, wote walitoka Afrika. Nao mfupa Ishango ulivumbuliwa Kongo, na unaonesha mwanzo wa akili ya mtu ya kuhesabia. Ni kwa hiyo Kongo inapatikana katikati ya historia ya dunia. Na siku Jemadari Jili Sezari alichomwa visu na akafariki muji Roma, alikuwa tayari kusafiri muji Rejaf kuongoza majeshi kwa kuingia Kongo. Kama Sezari angeuwawa, historia ya dunia ingebadirika.

Frontiyere ya Kongo ezali komata epai Ya Siid ti na Noor na bolandi nzela ya ebale Tanganika. Nde epayi wana moto ya liboso ayutaka, liboso ya kokende na mikili misusu. Yango wana, Kongo azali na lisolo ya bomoyi ya batu.
Soki Jile Sezar akufaka te, ba soda ba ye bazalaki kozela ye na Siid Sudan balingaki kozwa Kongo.

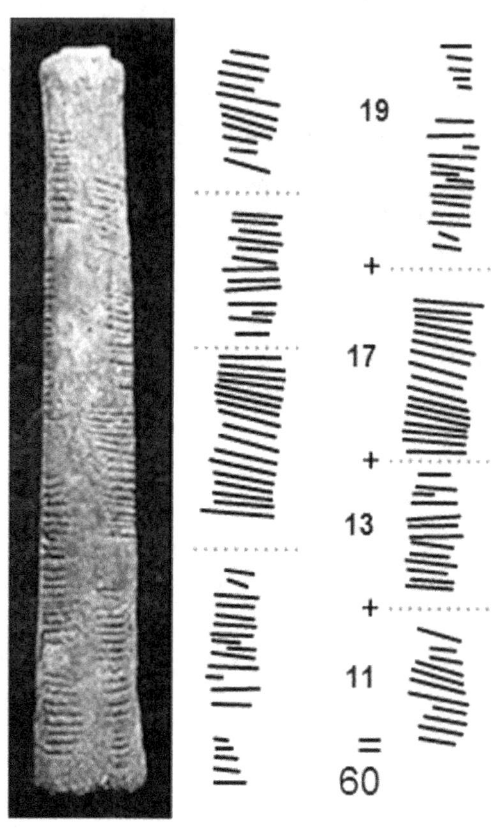

*L'os d'Ishango, long de 10 centimètres,
a été découvert en 1950 par l'archéologue belge Jean de Heinzelin.*

*L'os est recouvert de trois rangées d'incisions
dont les regroupements indiquent une maîtrise de l'arithmétique,
il y a 23.000 ans !*

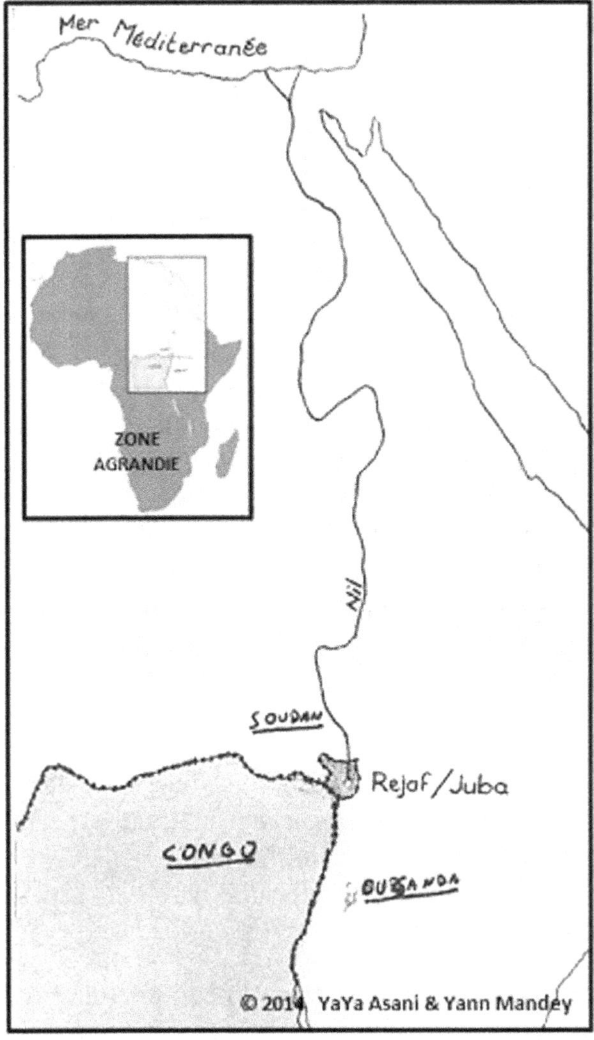

Avec l'enclave de LADO, le Congo avait une sortie au Nord, à partir de Rejaf sur le Nil, jusqu'à la Méditerranée.

Rejaf : si César n'avait pas été poignardé

Dans le traité du 12 mai 1894, Londres avait cédé le port de Rejaf, en même temps que la région alentour, appelée « enclave de Lado », un vaste territoire de 39.000 km². Et le Congo put accéder au Haut-Nil et à la Méditerranée. En échange, une bande du territoire congolais fut accordée aux Britanniques pour le passage du chemin de fer qu'ils projetaient pour relier le Sud au Nord du continent, de Capetown au Caire. À la mort de Léopold II, l'enclave de Lado retourna à la Grande-Bretagne. En 1912, une partie fut annexée à l'Ouganda ; l'autre, contenant Rejaf, passa sous protectorat britannique du Soudan Anglo-égyptien ; elle fera partie de la République du Sud-Soudan dont la capitale, Juba, est située, à 18 km au nord de Rejaf. La scission du Soudan en 2011 élèvera le Congo au rang de deuxième pays le plus étendu d'Afrique, après l'Algérie. Le fleuve Congo est aussi le deuxième cours d'eau le plus long du continent !

L'épisode de l'enclave de Lado a été commémoré dans la ville de Lubumbashi avec une « avenue Rejaf ». Si Jules César avait fait sa campagne africaine, aurait-il pu écrire un *"de bello africano"[34]* et, au lieu de Belges, constater que « *de tous les Africains, les Congolais étaient les plus braves[35]* » ?

C'est précisément pour vanter cette bravoure militaire qu'en face de Rejaf, il y a eu à Lubumbashi des avenues Tabora, Saio, Gambela, Kibati, Usoke, Mahenge, Kigali, Nyanza, Shangungu. Etc. Des lieux de victoire militaire du Congo sur le Rwanda.

Mwaka 1894, wangereza walipatia Kongo ile muji Rejaf pamoja na jimbo ya Lado, sababu Kongo ipate njia ya mtoni Nil mpaka Misri na Ulaya. Kiisha kifo cha mfalme wa ubeleji, wangereza wakarudilia eneo ya Lado ; sehemu mmoja ikaunganishwa na Uganda na sehemu ingine pamoja na muji Rejaf ikawa ndani ya inchi kubwa ya Sudan. Mwaka 2011, Sudan iligawanyika. Na mji mkuu wa Sudan ya kusini ni Juba, karibu ya Rejaf. Tangu hapo, Kongo ikaonekana kuwa nchii kubwa ya pili barani Afrika baada ya Algeria. Na jito Kongo ni ya pili kwa urefu na ukubwa barani Afrika ; wakati jito Nil ni ya kwanza. Kwa alama ya shukrani, barabara muji Lubumbasi ikaitwa Rejaf. Kandokando kulikuwa ma barabara ya majina Tombeur, Tabora, Saio, Gambela, Kibati, Usoke, Mahenge, Kigali, Nyanza na Shangungu. Majina hayo inaonesha pia shukrani kwa wakongomani. Ni majina ya mgini kule wajeshi wakongomani walipata ushindi juu ya wajeshi wanyarwanda.

Kaka na mokolo ya zomi moko na mibale ya sanza ya mine ya 1894, Londre apesaki territware
Ya Lado, na Siid Sudan. Kongo azwaki libongo
ya Rejaf po na kotinda biloko na maswa kolongwa ebale ya Nil ti na Mediteranee.
Awa na Kongo balabala misusu ya bingumba Kinshasa na Lubumbashi ezali na nkombo
Shangungu, Nyanza, Usoke, Kigoma, Tabora, Mahenge.
Ezali bisika basoda ya Kongo balongaki bitumba.

Entre Fungurume et Bukama, Mimi et Toutou ont été poussés à terre par des hommes et tirés par des bœufs sur les Biano...

... mis à flots à Bukama sur le Lualaba jusque Kabalo...

... et transportés par train jusqu' à un quai de fortune à Kalemie pour être mis dans les eaux du lac Tanganyika

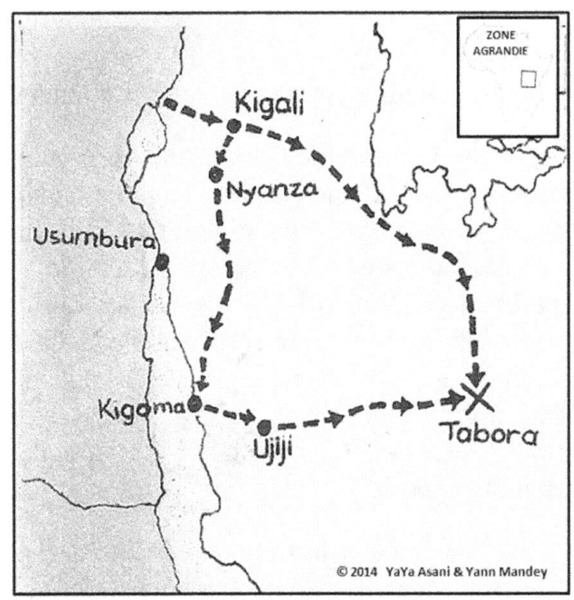

*Après avoir pris Kigali en 1916, les troupes congolaises
ont volé de conquête en conquête jusqu'à Tabora.*

*1919 : retour triomphal à Lubumbashi des troupes congolaises
ayant combattu au Rwanda, Burundi, Uganda et Tanzanie :
« HONNEUR AUX BRAVES »*

Mimi et Toutou

Le Rwanda a eu un seul colonisateur : l'Allemagne.

Lorsqu'éclata la Première Guerre mondiale en 1914 en Europe, les Allemands basés à Kigali attaquèrent le Congo, en coupant la ligne télégraphique du lac Tanganyika et en bombardant Kalemie ; ils s'emparèrent de l'île d'Idjwi sur le lac Kivu qui était contrôlé au moyen de fortifications à Gisenyi et à Cyangungu. On soupçonnait les Allemands de chercher à créer une *"Mittel-Afrika"*, une vaste colonie qui relierait l'Océan indien à l'Atlantique, en absorbant le Congo.

Alors que la France et la Belgique étaient à genoux dans des tranchées, les forces congolaises et alliées s'organisèrent pour riposter en direction de la Namibie et du Cameroun.

Le front le plus important fut celui de l'Est africain. Deux bateaux motorisés de 12 mètres de long, le *Mimi* et le *Toutou* furent transportés sur 16.000 km de la Grande-Bretagne au lac Tanganyika, par mer, rail, terre et rivière. Le convoi débarqua à Capetown le 12 juin 1915 et fut transporté par rail jusqu'à Lubumbashi, où il arriva le 26 juillet. À Fungurume, les bateaux furent mis à terre et poussés sur 235 km à travers la brousse et le plateau des Biano jusqu'à Bukama. Là, *Mimi* et *Toutou* furent mis à flot pour naviguer sur le Lualaba et atteindre Kabalo le 22 octobre 1915. Ensuite, la flottille relia par rail Kalemie d'où elle participa à « la Grande Guerre du lac Tanganyika » avec d'autres bateaux, et même, des hydravions[36].

Zamani, Rwanda, Burundi, Uganda na Tanzania walikuwa makoloni ya wa wajermani. Mwaka 1914, wajermani walichokoza vita ya kwanza ya dunia pale Ulaya. Hapa Afrika, wajermani waliotawala mji Kigali, wakashambulia nchii ya Kongo. Wakapiga mabomu juu ya muji Kalemie. Wajermani walikua na nia ya kuunganisha bahari India na bahari Atlantike, Tanzania na Kamerun ; kwa hiyo walipima kuchukua Kongo. Wakongomani wakapigana vita na wajermani upande wa Namibia na Kamerun. Vita ikawa kali upande wa mashariki ya Kongo. Wangereza wakapatia Kongo mashua mbili ya mayi ya kutokea ulaya. Meli Mimi na Tutu ikasafirishwa mu bahari toka Ungereza, ikapandishwa juu ya treni tangu Kapetauni hadi Lubumbashi. Toka Fungurume ikasukumiwa kati ya pori na vilima mpaka muji Bukama. Pale Bukama, meli ikasafiri juu ya jito Lualaba hadi kufika Kabalo tarehe 22/10/1915. Ikatiwa juu ya treni mpaka Kalemie. Hapo, Mimi na Tutu wakapigana vita na wajermani katika ziwa Tanganika.

Ruanda na Burundi bazalaka ba koloni ya ba Aleman. Ntango batu babandaki kobunda na mobu 1914-1918 ba Aleman babimaka Ruanda na Burundi po na kobundisa Kongo.

Victoire congolaise sur le Rwanda

Après 1915, l'armée congolaise passa de 5.000 à 15.000 soldats, encadrés par un millier d'officiers et sous-officiers, et assistés par 260.000 porteurs. Le front de l'Est fut commandé par le vice-gouverneur général basé au Katanga, qui passa de colonel à général, et fut anobli baron Charles Tombeur de Tabora.

Jean-Marie Mutamba raconte : *L'offensive générale fut déclenchée le 18 avril 1916 par la brigade sud, suivie une semaine plus tard par la brigade nord. Les Allemands abandonnèrent l'île d'Idjwi avec leurs munitions et leur matériel, et se replièrent vers le sud-est. Kigali, le chef-lieu du Rwanda, et Nyanza, la résidence du Mwami Muzinga, roi du Rwanda, furent occupés en mai 1916. Par la suite, la brigade sud s'est emparée d'Usumbura et de Kitega, le chef-lieu de l'Urundi, en juin, de Kigoma et d'Ujiji en juillet. Usoke fut occupé après une semaine de combats début septembre 1916 ; puis ce fut le tour de Lulanguru*[37]. En 1917, les Allemands furent repoussés vers le nord en Ouganda jusqu'au lac Victoria et, vers l'Est, en Tanzanie, où ils furent défaits à Tabora et à Mahenge.

Les Rwandais se battaient avec les Allemands ; ils avaient la nationalité allemande ; les Congolais étaient belges. Et la défaite allemande fut celle du Rwanda. La Première Guerre mondiale prit fin le 11 novembre 1918. Selon l'article 119 du Traité de Versailles du 28 juin 1919, l'Allemagne renonça à toutes ses possessions coloniales, dont le Rwanda et le Burundi, ainsi que l'Ouganda et la Tanzanie.

Mwaka 1915 jeshi la Kongo ikakusanya waaskari 15.000 pia wabebaji mizigo 260.000 kwa kuendesha vita na wajermani. Upande wa mashariki, jeshi iliongozwa na liwali wa jimbo la Katanga bwana Tombeur. Vita kali ilianza mwaka 1916. Wajermani wakakimbia kijiji Ijwi. Wajeshi wa Kongo wakachukua muji mkuu Kigali pia muji Nyanza ambao ni makao ya sultani mkuu wa Rwanda. Vita na wajermani iliendelea hadi kuwanyanganya miji ya Burundi, na ya Uganda mpaka ziwa Victoria pia miji ya sehemu ya mashariki inchini Tanzania. Sababu ya ukoloni, wakongomani walikuwa wabeleji na wanyarwanda walikuwa wajermani. Na pale wajermani wakapoteza vita ilikuwa wanyarwanda walipigiwa na wakongomani ! Pale vita ya dunia 14-18 ilimalizika, Ujermania ulipoteza makoloni yote ya Afrika. Ni vile walipoteza Rwanda, Burundi, Tanzania, Namibia, Kamerun na Togo.

Na mobu 1916 Kongo aboyaki makambo wana.
Ba soda ya Kongo babundaki pe bakamataki
bingumba ya Shangungu, Kigali pe Nyanza.
Ezalaki elonga monene ya Kongo
Likolo ya Ruanda.
Sima Kongo azwi pe Burundi na ndambo
ya Uganda pe Tanzani.

Le seul État *non colonisé* en 1885

Parler de 1914, c'est parler du déclenchement de la Première Guerre mondiale. Cette année-là, le Nord et le Sud du Nigéria avaient été réunis en une seule colonie britannique pour former le pays actuel. En 1897, la journaliste Flora Louisa Shaw s'était étonné que le territoire soit appelé *Empire du Niger*, ou *Soudan central* ou *Territoires de la compagnie royale du Niger*. Elle suggéra de faire plus court et de l'appeler Nigéria. À l'indépendance, on garda le nom imaginé par Flora Shaw parce que le Niger, le plus grand fleuve d'Afrique de l'Ouest, draine une vingtaine d'affluents et affecte le quotidien de ses riverains, les Nigérians. En 2014, le pays trois fois moins étendu, mais trois fois plus peuplé que le Congo est devenu la première puissance économique d'Afrique. Et les Nigérians ont commémoré l'année 2014 comme celle du centenaire de la naissance de leur nation. Sans aucun complexe envers les étrangers qui avaient forgé le nom de leur pays et réalisé son unification territoriale.

C'est un peu comme si les Congolais se mettaient à célébrer leur fête nationale le 1er juillet, jour de la proclamation de l'État Indépendant du Congo (EIC) en 1885. Ou encore le 12 mai, jour du traité de 1894 qui avait achevé la délimitation du pays avec 10.730 km de frontières, l'équivalent du quart de la circonférence du globe terrestre ! Avec ce passé, le Congo est le pays indépendant le plus ancien d'Afrique, après l'Éthiopie (800 av JC) et le Libéria (1847). Le seul État qui n'avait pas été colonisé à Berlin, en 1885.

Mwaka 1914 ilioanza vita ya kwanza ya dunia, sehemu ya kaskazini na ya kusini ya Nigeria iliungwa na kuwa nchii mmoja. Mbele ya hapo, nchii hiyo iliitwa majina mbali mbali. Ni muandika wa habari, bibi Flora Louisa Shaw, akaomba nchii ipewe jina fupi ya « NIGERIA ». Mwaka 2014, wananchii wa Nigeria walisherekea myaka mia mmoja ya kuundwa kwa nchii yao. Pasipo haya ao chuki sababu jina na masehemu yao ilitokea ku wakoloni. Ni kama wakongomani wakianza kusherekea uhuru wao kila siku ya kwanza ya mwezi julai sababu tarehe 01/07/1885 waliunda Inchi Uhuru ya Kongo ; ao wakianza kushangilia tarehe ya kumi na mbili ya mwezi wa tano sababu tarehe hiyo 12/05/1894 mgini ilitimiza mipaka ya inchi Kongo. Pasipo haya wala chuki, Kongo inaonekana kama ni taifa ya tatu kwa kupata uhuru mu Afrika, baada ya Ethiopia (mwaka 800 mbele ya kuzaliwa kwa Yesu) na Liberia (mwaka 1847). Pasipo haya wala chuki, Kongo pekee haikuwekwa ukoloni mwaka 1885...

Na mobu 2014, mboka Nijeria akundolaki mobu nkama ya eyenga ya ndelo na ye etiamaka na ba Angelee na mobu 1914.
Ezali neti bana ya Kongo bazali kosala eyenga ya mobu 1885 to 1894, ntango mboka ezuaka ba ndelo na ye ya sikoyo.

1960 a restitué l'indépendance

En matière d'ancienneté, la Chine se dit le pays le plus vieux, avec 5.000 années. Pourtant, la révolution de 1911 avait mis fin à 4.117 années de régime impérial ; même le régime communiste qui a remis les compteurs à zéro en 1949 accepte que le pays soit nommé « Empire du Milieu ».

La continuité historique est admise sur un même territoire. Car sans "mémoire historique", une nation serait désorientée[38]. Presque maudite, comme un père qui oublierait les liens de sang et jetterait sur sa fille un regard d'amant envieux. Sans mémoire historique, on court pour courir ; on oublie qu'on est sur un chemin, qu'il y a une direction, une destination, une distance à parcourir, de l'énergie à gérer. On peut aussi tourner en rond, jusqu'à attraper le vertige, ou revenir en arrière sans le savoir ou encore se précipiter et enfoncer les pieds dans une fosse aux serpents.

La conférence de Berlin de 1885 n'avait pas *créé*, mais simplement *reconnu* un territoire qui s'est ensuite proclamé État Indépendant du Congo (EIC). Contrairement aux colonies d'Afrique, le Congo était un véritable État avec des relations internationales, une nationalité et un passeport. En 1908, la cession à Bruxelles a été conclue entre deux États souverains, par un traité international qui a dû être ratifié par le parlement belge. La "mémoire historique" corrige : la Belgique n'a pas colonisé le Congo, mais en a pris l'administration.

Et, en 1960, la Belgique n'a pas octroyé l' indépendance au Congo, mais elle la lui a restituée !

Mawazo ya wanijeria ni pamoja na ya wachaina. Wachaina wanasema nchii yao ni ya zamani saana dunia nzima. Wanahesabu myaka 5.000 tangu kuundwa kwake. Wachaina hawasikii haya ya myaka 4.117 ya utawalo wa wafalme waliofukuzwa mwaka 1911. Sababu historia nzuri ao mbaya ni historia ya mgini. Eta Endepanda ya Kongo ya mwaka 1885 ilikua nchii kama nchii zingine ya uhuru, na wakaaji wakitamani kusafiri nchii za kigeni, walipewa paspoti ya Kongo. Ni mwaka 1908 wabeleji walianza ukoloni wa Kongo. Ilikuwa ni masikilizano kati ya inchi mbili uhuru. Kwa hiyo ni Kongo ilipatia Ubeleji uwongozi wa inchi kama ukoloni. Kwa hiyo, mwaka 1960 Ubeleji hakupatia wakongomani uhuru. Mwaka 1960, Ubeleji ulirudishiya wakongomani uhuru wa zamani wa inchi Kongo.

Ekolo Shine ezali na mibu 5.000, nzoka ba amperere bakonzaki bango mibu 4.117 yambo te bakweyisa bango.
Bana ya Kongo pe bakoki koloba te mboka ya Kongo ebandaka na mobu 1885.
Na yango Kongo ezali mboka ya misatu oyo ezwaka lipanda sima ya Etiopi na Liberia.

Rwanda : un Congo de 800 millions d'habitants

C'est parce que la mémoire "historique" (ou mémoire "collective") est importante qu'elle est souvent manipulée et falsifiée. Le 10 octobre 1996, dans un meeting populaire, puis le 28 octobre, devant la presse internationale, Kigali avait affirmé, carte à l'appui, que le Rwanda précolonial se serait étendu sur une partie du Nord et du Sud Kivu. Aussitôt et le lendemain, en novembre 1996, des forces rwandaises franchirent la frontière derrière une insurrection politique de Congolais.

À l'époque, le Rwanda était un ami et un frère. Il réclamait une *conférence de Berlin-Bis* pour redessiner les frontières héritées de la colonisation en 1885. Cette prétention était l'aveu que le Rwanda n'est pas un pays viable. Il est enclavé et pauvre. Sa densité, la plus élevée d'Afrique avec 430 habitants au km^2, ferait un Congo, 90 fois plus étendu, peuplé de 800 millions d'habitants ! Dans le même temps, toute la population du Rwanda tiendrait dans la seule ville de Kinshasa ! D'où la tentation rwandaise de frapper de plus en plus fort aux portes du voisin ! En fait, le lien avec le Rwanda provient de la défaite militaire et du transfert de l'ancienne colonie allemande au protectorat belge. Cela favorisa des migrations vers l'Ouest.
Finalement, en 2006, la nouvelle constitution dira que tous les Rwandais, qui se trouvaient au pays en 1960, étaient des Congolais[39] !
Le Congo a donné davantage de vies citoyennes qu'il n'y a eu de victimes de génocide en 1994, mais dont les survivants ont ensuite causé des millions de morts congolaises[40]!

Mafundisho ya historia inaleta akili mingi. Ndio maana kuna uwongo katika hadisi ya zamani. Ni vile mwezi Oktoba mwaka 1996, vyongozi vya Rwanda vilisema kwamba, kabla ya ukoloni, nchii yao ya Rwanda ilikuwa na majimbo ya Kivu. Siku iliyofata, mwezi Novemba 1996, wajeshi wa Rwanda wakaingia Kongo wakisindikiza wako- ngomani kwa nia ya kumfukuza Mobutu. Kwa muda, Rwanda alikuwa ndugu na rafiki kubwa. Ku-sema kweli, ile nia ya kipande ya Kongo inaonesha kwamba Rwanda pekee ni nchii ndogo ya umaskini. Kufuata uwingi wa wakaaji wa Rwanda, Kongo ilipashwa kuwa na wakaaji milioni 800 ! Na pia wakaaji wote wa Rwanda wanaweza kupanga mu muji Kinshasa. Kusema kweli, ni Wabeleji waliu-nganisha historia ya Kongo na ya Rwanda mwisho wa vita na wajermani. Siku hizi, katiba ya taifa ya mwaka 2006, likakusudia kwamba, wanyarwanda waliopatikana inchini Kongo kabla ya mwaka 1960, wapo vile vile wakongomani.

Na sanza ya zomi ya mobu 1996, Ruanda alobi te na mobu 1885, bayibaka ndambo ya mabele na ye, na bapesaka na Kongo.
Na sanza ya zomi na moko 1996, ba soda ya Ruanda na bana Kongo misusu, bakatisaka ndelo ya Kongo po na kobundisa Mobutu.
Kolongwa wana, Ruanda asakala mindondo na ndelo ya Kongo na ngambo ya Kivu.

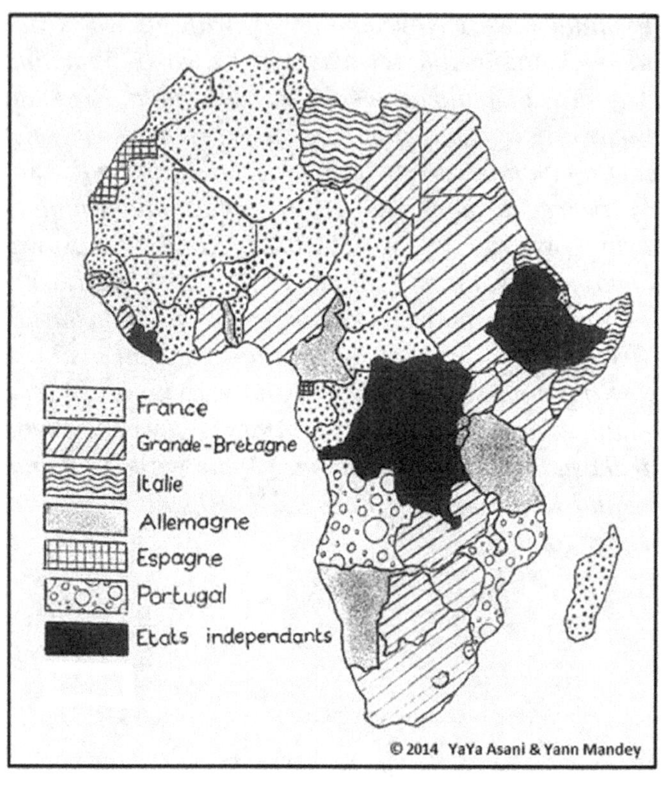

Carte des colonies de 1885 à 1908,
avec 3 États indépendants : Éthiopie, Libéria et Congo.

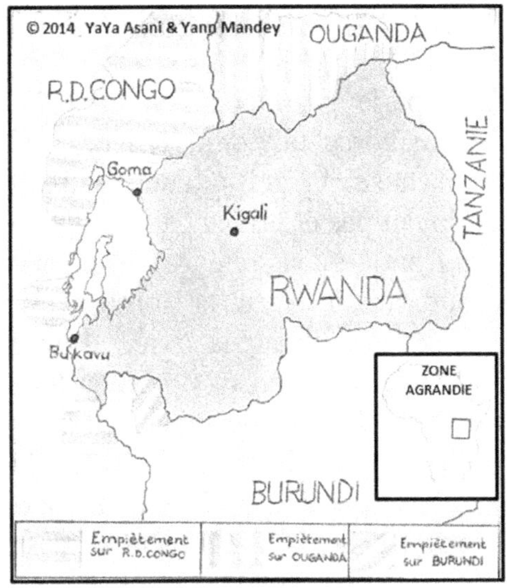

Carte du « Grand Rwanda » précolonial,
débordant sur le Congo. Présentée la veille de l'invasion de 1996.

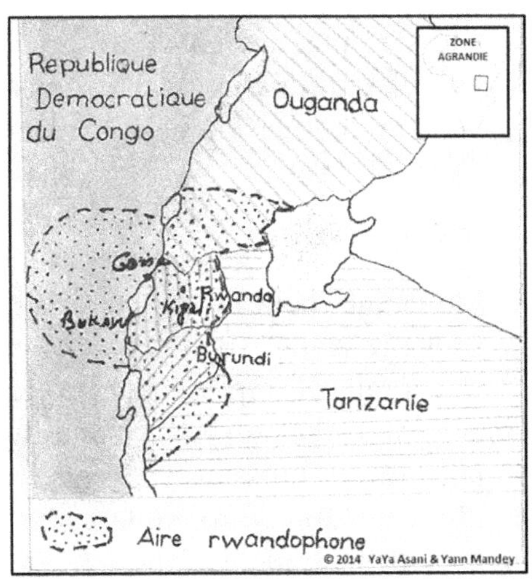

Aire tachetée, dite « rwandophone »,
et débordant plus largement la frontière congolaise

La frontière de l'Est *ab absurdo*[41]

Le Rwanda parle maintenant d'une *aire rwan-dophone* qui déborde la frontière avec le Congo… Avant toute chose, la délimitation entre les deux territoires n'avait pas été fixée par le traité de Berlin de 1885. La frontière avait été tracée, auparavant, en 1884. Du Sud vers le Nord, la frontière montait du lac Tanganyika en suivant la rivière Ruzizi jusqu' au lac Kivu, qu'elle traversait sur 102 kilomètres en laissant à l'Ouest les îles de Iwinaza, Nyamaronga, Idjwi et Kitanga et, à l'Est, les îles Kikaya, Gombo, Kumenie et Wau Wahu. À l'extrémité du lac, la frontière terrestre de 115 kilomètres passait entre Goma et Gisenyi et comptait 21 bornes numérotées jusqu'à la colline de Kabuanga au sud du mont Sabindo. Ces bornes étaient des amas de pierres en forme de pyramides ou de cônes, avec les 21 numéros inscrits sur des plaques en ciment. Le 21 juin 1911, ce sont des commissaires allemands qui approuvèrent la carte du tracé frontalier précis et définitif[42].

En 1996, Kigali a réclamé de revoir le traité de Berlin. Mais où était cette ville en 1885 ? En Allemagne ! Quelle était la puissance coloniale qui occupait, gouvernait et représentait le Rwanda ? L'Allemagne ! À l'époque, l'Allemand Otto von Bismarck était un très puissant chancelier par rapport à Léopold II, un simple roi de la petite et jeune nation belge, à peine indépendante. Il est impensable que l'Allemagne ait cédé au Belge, même par erreur, des terres traditionnellement rwandaises et qui étaient des terres allemandes.

Kwa sasa, Rwanda inabadirisha masemo yake. Anaonesha nafasi ya wasema luga ya kinyarwanda wanaopatikana inchini Kongo. Kusema haki, mipaka kati ya Kongo na Rwanda ilifanyiziwa mwaka 1884, mbele ya kuundwa Kongo mwaka 1885. Toka kusini hadi kaskazini, mupaka ulipita katika ziwa Tanganika, ukaendelea hadi ziwa Kivu ukifuata mtoni Ruzizi. Sehemu ya mangaribi, mupaka ukaachia Kongo kisanga cha Iwinaza, Nyamaronga, Ijwi na Kitanga. Upande wa masharaiki, mupaka ukaachia Rwanda kisanga cha Kikaya, Gombo, Kumenie na Wau Wahu. Pa inchi kavu mupaka una urefu ya kilometa 115. Unapita kati ya Goma na Gisenyi hadi kufika mlima Sabindo. Mwaka 1911, ni wajermani waliitika kupanda vizingiti 21 vya mawe kama alama ya mupaka ya mainchi hii mbili. Kusema kweli, muji gani walikabua mipaka ya Afrika mwaka 1885 ? Ilikuwa mgini Berlin. Wanani walitawala mjini Berlin ? Ni wajermani. Wanani walitawala inchi Rwanda ? Ni wajermani pia. Kwa hivi, hakuna mawazo wala neno ya kama wajermani walionguvu kupita wabeleji walipatia Kongo kipande ya inchi Rwanda. Sababu mwaka 1885 na 1911, udongo wa Banyarwanda ulikua udongo ya wajermani.

Ruanda ezali mboka ya moke kasi na batu ebele. Ezali neti Kongo soki azalaka na batu miliyo 800 !

Masala, le roi du Congo

La fameuse année 1885, les habitants du Congo étaient aussi appelés des « Congoliens ». Les chefs coutumiers étaient considérés comme des rois, et leurs chefferies étaient des royaumes. De véritables États souverains. Cela permit à Stanley de signer le 28 septembre 1879 un accord avec Vivi Mavungu, Vivi Nku, Nguvu Mpanda, Mbenza Ne-Kongo et Kapita. Les cinq rois de l'embouchure du fleuve Congo. Ces souverains reconnaissaient *qu'il était hautement désirable de créer et développer dans leurs États des établissements propres à favoriser le commerce et à assurer au pays et à ses habitants les avantages qui en découlaient. À cet effet, ils cédaient en pleine propriété leurs territoires...*

En contrepartie, chaque roi reçut une tunique d'uniforme militaire, un bonnet, un collier de corail et un couteau ; plus le droit à un pagne supplémentaire chaque mois. La localité de Vivi deviendra la première capitale du territoire, avant Boma (1886) et Kinshasa (1929). C'est là que l'administrateur général, le Britannique Sir Francis de Winton proclama l'État Indépendant du Congo, le mercredi 1e juillet 1885.

Chose extraordinaire, ce jour-là, le « roi de Vivi » se trouvait en Belgique où il avait été invité avec le titre pompeux de « roi du Congo ».

Il s'agissait de Masala[43], un simple habitant que les cinq véritables rois avaient désigné comme intermédiaire lorsqu'ils avaient traité avec Stanley.

Mwaka 1885, wakongomani waliitwa vile vile kama ni « wakongoliyeni ». Wakati huo, wasultani walikuwa kama wafalme wa nchii zao na uwezo wa kutimiza mipango ya kila namna. Ni vile tarehe 28/09/1879, Stanley alikubaliana na masultani Vivi Mavungu, Vivi Nku, Nguvu Mpanda, Mbenza Ne Kongo na Kapita. Wote tano waliuzisha uta-walo wa nchii zao kwa Wazungu. Kila moja ali-tolewa koti ya kijeshi, kofia, bushanga na kisu... Pia kila mwezi, walipashwa kupokea kikwembe kimoja. Wafalme wengine 400 walipatana vile vile na wazungu na waliuzisha Kongo nzima. Masiki-lizano ya Vivi ilifanya mgini Vivi kama muji mkuu wa Kongo. Muji mkuu ikawa Boma tangu mwaka 1886 na Kinshasa, kutoka mwaka 1929. Ni pale Vivi, liwali wa kwanza wa inchi, mungereza bwana Francis de Winton, akatangaza, siku ya kwanza ya mwezi julai ya mwaka 1885, mgini wa sasa unayoitwa Inchi Uhuru ya Kongo. Kwa ma-staajabu, wakati ule ule mfalme wa Vivi alikua mbali kabisa. Alikuwa Ubeleji ambako alialikwa kama mfalme wa Kongo nzima. Jina lake Masala.

Kongo ebotamaki na mobu 1885. Stanlee nde atiyaka linzaka na bakonzi ya mboka Vivi.
Yango wana, Vivi ezalaka kapitale ya liboso ya Kongo. Nsima ya mbula moko, Boma ekomaki kapitale. Mpe na 1929
akomaki ngala ya Kinshasa ti lelo oyo.

Des tombes conservées depuis 110 ans

Une semaine plus tard, le mercredi 8 juillet 1885, Masala fut reçu en grande pompe au palais royal belge, à la table de Léopold II. Au menu : du poisson aux haricots arrosé de rhum, et de la poule au riz et au champagne. Pour la circonstance, Masala portait un chapeau gris en feutre mou ; ses compagnons, des vestons rouges. Les femmes, des robes en cachemire blanc, des souliers de cuir, des bas de couleur et des chapeaux de paille aux rubans multicolores. Rentré avec le poids de nombreux cadeaux, Masala fut auréolé par son voyage en Europe ; mais il mourut dix ans plus tard sans laisser de dynastie ; son fils travaillera comme un simple domestique.

Douze ans plus tard, se tint l'Exposition Universelle et Internationale de Bruxelles-Tervueren de 1897. Comme en 1883 à Amsterdam, et, pour la dernière fois, à l'exposition coloniale de Paris de 1931[44], la manifestation hébergeait un *zoo humain* avec 267 Congolais qui mimaient les gestes de leur vie quotidienne[45]. Actuellement, pareils spectacles sont organisés sans complexe pour les touristes.

Mais pour 1897, on parle de racisme et on s'indigne d'avoir traité des Noirs comme des bestiaux[46]. D'autant que sept Congolais avaient trouvé la mort. Mais il apparut qu'on avait noté leurs noms. Trois femmes : Sambo, Mpemba, Ngemba. Et quatre hommes : Ekia, Nzau, Kitukwa et Mibange. De plus, ils avaient été enterrés dignement, adossés à une Église.

Un siècle plus tard, leurs sépultures existent toujours en Belgique.

Wiki ile ile ya utangazo ya uhuru wa Kongo muji Vivi, mfalme wawabeleji alipokelea muji Brussele mfalme Masala pamoja na bibi na watu wake. Wakatolewa karamu kubwa. Kulikuweko samaki, maharagi, mchele, nyama ya kuku na pia vino ya shampanye. Masala alirejea Kongo na zawadi nyingi. Lakini akafariki myaka kumi baadaye na hakuacha kizazi cha ufalme. Mwaka 1897, kulikuwa Ubeleji sherehe kubwa ya dunia nzima. Wakongomani 267 walionyesha hali ya maisha yao. Maonesho hayo ilikuwa ya haya sababu watu walikuwa kama nyama ya kutazamiwa upango ya zoo. Lakini kwa sasa, mgini mbali mbali inaonesha wageni, pasipo haya wala chuki, makao yao ya kiasili. Mwaka 1887, kati ya wakongomani walioneshwa, saba walifariki. Majina yao imeandikwa. Wanawake ni Sambo, Mpenda, Ngemba. Wanaume ni Ekia, Nzau, Kitukwa na Mibange. Tena walizikwa na heshima pembeni ya kanisa. Leo hii, kaburi yao ikingali pale Ubeleji.

Na ntango Kongo ebotami na sanza ya nsambo ya mobu 1885, Masala, mokonzi ya Vivi azalaki na Belejike neti "ntoma ya Kongo". Akomaki ti na ndako monene ya Rwa Leopolo na Brisel. Na mobu 1887, balakisaka ba kongole 267 na misu ya mindele na Belejike. Nsambo bakufaki.
Nkombo na bango eyebana.
Bisika bakunda bango eyebana, ti lelo.

Masala, le « roi du Congo », en voyage en Belgique en 1885.

Les 7 tombes centenaires à église St Jean l'évangéliste de Tervuren.

Le cimetière rasé de Ngiri Ngiri est devenu un potager.
On peut apercevoir, au-dessus des branches en haut à droite,
le nouvel hôpital du Cinquantenaire.

Des martyrs sans noms ni tombes

Soixante ans après le zoo humain des *Congoliens* ordinaires, dans la Belgique de 1897, des Congolais sont morts le 4 janvier 1959 à Kinshasa. Ils étaient 47, et ils sont entrés dans l'Histoire : proclamés martyrs de l'Indépendance, et commémorés chaque année par un jour férié, chômé et payé. Mais on ne connaît pas les noms des 47 ; on n'a jamais cherché à les connaître. C'était facile parce que l' Indépendance avait été obtenue 18 mois seulement après les émeutes ; ils avaient encore des membres de famille qui pouvaient les nommer. Les 47 avaient été enterrés au cimetière des Noirs dans la commune de Ngiri Ngiri. Mais on n'a jamais identifié ni cherché à identifier leurs tombes, ni à les fleurir, ni à les sauvegarder. Après 1960, les Noirs « bien » se faisaient enterrer au cimetière des Blancs, dans la commune de Ngombe. Et cinquante ans après l'Indépendance, on estimera que les Congolais avaient aussi droit à un hypermarché ; et pour dégager la place, on rasera le cimetière des Noirs de Ngiri Ngiri et les tombes inconnues des 47 héros. La construction tardant à être réalisée, le lieu est devenu un champ où des maraîchères cultivent des légumes qu'elles arrosent avec de l'eau puisée dans le sous-sol des fosses tombales.

Quels destins divergents entre les "47" de 1959 à Kinshasa et les "7" de 1897 à Tervueren ! La petite Belgique, qui n'a pas de place pour ensevelir tous ses propres fils, en a gardé pour des Noirs humbles, non fortunés et sans autre titre que leur simple humanité ; pendant ce temps, les Congolais manquent de place et de cœur pour leurs héros !

Myaka 60 baada ya sherehe ya maonesho ya haya inchini Ubeljiji, wakongomani 47 walifariki muji Kinshasa mwaka 1959. Walipigania uhuru wa nchii. Kila mwaka tarehe 4 januari, ni sikukuu ya ukumbusho wao. Lakini hakuna anayejua majina yao ijapo ni watu walifariki inchini na walikua na majamaa. Wote walizikwa katika shamba la wafu la Ngiri Ngiri. Lakini hakuna alitambua makaburi yao. Kwa leo makaburi yote ya Ngiri ngiri ilivunjwa kwa nia ya kujenga duka kubwa. Hadi leo, duka hiyo haiyajengwa, nafasi hiyo ni mashamba ya maboga. Ni mambo ya kushangaa. Ubeleji ni mgini kidogo, lakini inaendelea kuchunga majina na kaburi ya wakongomani 7. Upande wa Kongo hakuna jina ya kujulikana wala kaburi ya wale wanainchi 47 waliokufa juu ya uhuru…

Kasi na Kongo, toyebi ata nkombo moko te ya batu ntuku mine bakufaka ki martir ya lipanda.
Esika bakundaka bango,
batu bakoma kosala bilanga.

Pas "une", mais "deux" mains coupées

Les héros nationaux congolais les plus emblématiques restent les victimes des *mains coupées* pour la collecte du caoutchouc et de l'ivoire. La désapprobation universelle amputa Léopold II du Congo en 1908. Le scandale avait été révélé par Casement et Morel, et fustigé par les écrivains Mark Twain et Arthur Conan Doyle. On avait montré, et on montre encore les photos des amputés Epondo, Yoka, etc.

Mais il n'y a nulle part au Congo une ruelle commémorant Epondo ou Yoka. Cela, comme si on ne croyait pas véritablement aux *mains coupées*. De plus, toutes les preuves universelles de la barbarie reposaient sur des photos d'amputations d'« une seule main ». Mais en 2011, Sammy Baloji[47] a exhumé des archives du Musée de Tervueren la photo d'une personne amputée des « deux mains » en 1899, à Pweto, sur les rives du lac Moëro, où il n'y avait eu ni ivoire ni caoutchouc ! Il est étrange que cette image n'ait été utilisée ni pour le réquisitoire implacable ni pour les tentatives de la défense du crime du « sang sur les lianes ».

Mais même actuellement, des pays musulmans font des mains coupées, selon la loi de la *sharia*. Auparavant, il y a 2.000 ans, Aulus Hirtius a raconté que son ami Jules César avait eu des problèmes de pacification de la Gaule ; après une insurrection particulièrement violente à Uxellodunum, il fit couper les mains des prisonniers et les fit promener à travers la Gaule, pour dissuader les autres Gaulois et préserver la *pax romana*.

Washaidi wakubwa wa Kongo ni wale waliokatwa mikono sababu ya kukazwa kazi ya kukusanya kauchu na meno ya tembo. Habari ya kukatana mikono ilileta mzozo duniani nzima. Utawalo wa mfalme wa wabeleji ulimalizika na Kongo ilitiwa ukoloni ya Ubeleji mwaka 1908. Kukatwa mikono kuliakikishwa na picha ya Epondo, Yoka na wengine. Lakini inchini Kongo hakuna ukumbusho ao sehemu ya barabara ilipewa jina ya Epondo ao Yoka. Tena ma picha yote ilikuwa ya kukatwa mkono mmoja tuu. Bali mwaka 2011, Sammy Baloji alivumbua picha ilikamatwa mwaka 1899 ; ni picha ya mukongomani aliekatwa mikono yote miwili upande wa Pweto. Ni fasi hakukuwa kukazwa kazi ya kauchu ao ya meno ya tembo. Leo hii, tabia ya kukata watu mikono inaendelea katika nchi ya ki Islamu. Kulikuwa pia gemadari Jili Sezari ; kwa kurejesha usalama katika nchii ya Golo alikatisha mikono ya wale waliomugomba-nisha na aliwatembeza fasi zote sababu ya kupatisha woga watu wengine.

Ba Kongole ebele bakatamaka maboko likolo ya misala ya ndembo na pembe ya banzoku. Ndakisa Epondo na Yoka. Kasi ata balabala moko te bapesa nkombo na bango. Tina nini bongo.

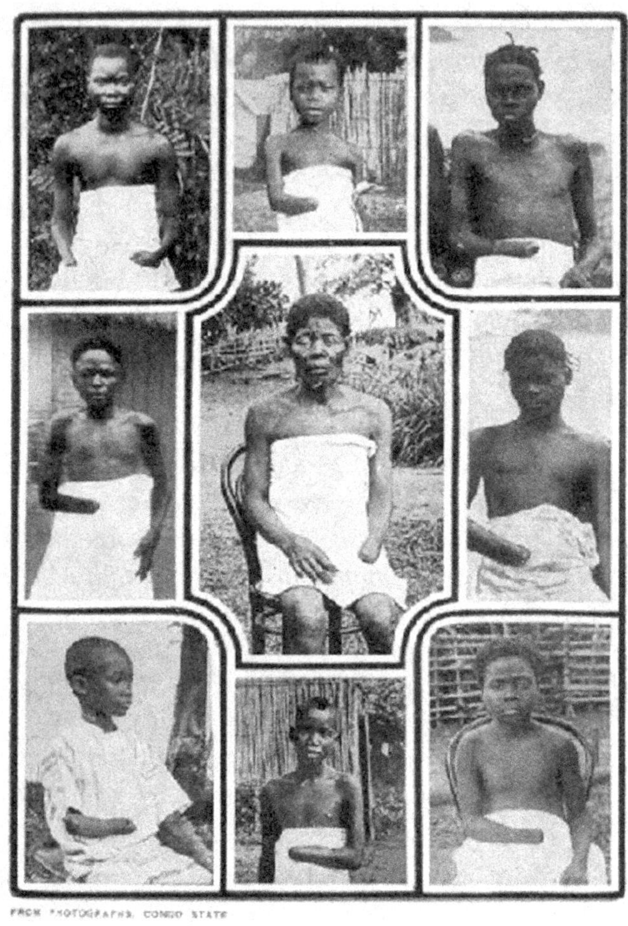

Ce sont les amputés d'« une seule main » qui avaient fait le scandale de crimes contre l'humanité…

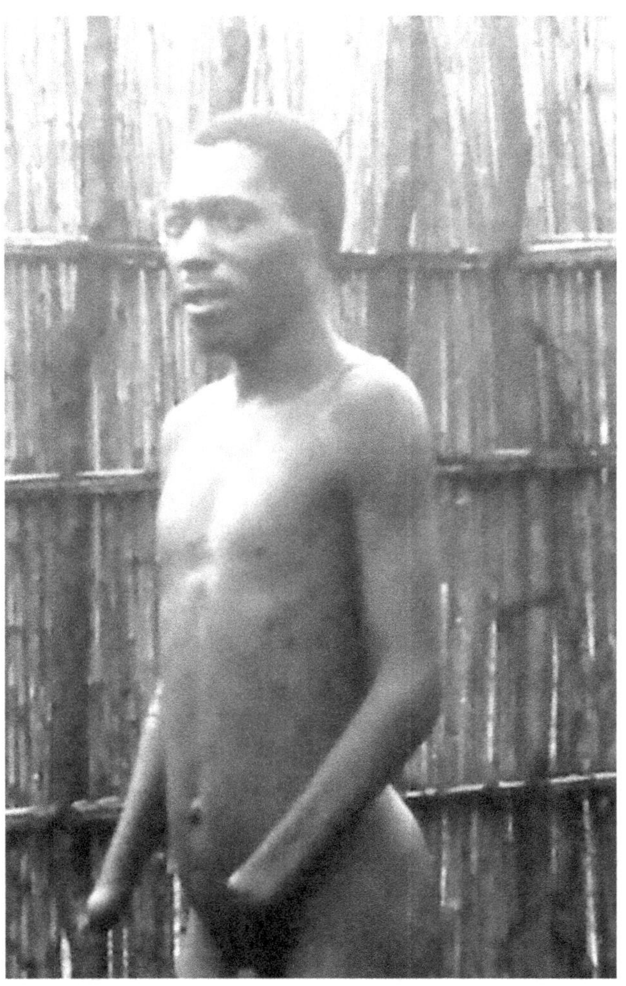

… mais cette photo de 1899 d'un amputé « des deux mains »
n'avait jamais été publiée ni exploitée !
La photo avait été prise à Pweto (Katanga)
où il n'y avait ni caoutchouc ni ivoire…

Un holocauste au *pifomètre*

Les contradictions sur les mains coupées sont dues au fait que le Congo a toujours été un vaste pays. Tout n'a jamais été identique partout. À commencer par le Bas-Congo où était basé Casement, le consul britannique qui avait fait un rapport sur les mains coupées. La région était dépourvue d'éléphants et d'arbres à caoutchouc et ne fournissait ni ivoire ni gomme ayant pu expliquer les mains coupées. Mais, pour l'époque, le Bas-Congo représentait tout le pays, et la région avait fourni les données des recensements de la population, sur la base de la densité de la région. En 1880, le dossier du futur Congo avait vanté que le territoire était peuplé de 25 millions d'habitants. Mais c'était totalement faux.

D'une part, on avait recensé quelques villages du Bas-Congo et on en avait reporté la densité sur la superficie totale d'un territoire qui n'avait jamais existé, puisque les délimitations exactes n'ont été connues que quatorze ans plus tard, en 1894.

D'autre part, il s'avérera que la densité n'est pas identique partout, et que 75 % de la population vit sur 1/3 du pays. En 1914, on préleva un nouvel échantillonnage de la population au Bakongo, pourtant étranger au scandale des mains coupées, et on estima que le Congo était peuplé de 15 millions d'habitants[48]. C'est ainsi qu'Adam Hochschild a fait sensation avec *Les fantômes du roi Léopold : un holocauste oublié* parce que la différence entre 1880 et 1914 était de 10 millions, aussitôt qualifiés de disparus, et de victimes d'un génocide ![49]

Hadisi ya kukatwa mikono ni nyingi na pia mbali mbali, sababu Kongo ni nchii kubwa. Hali ya maisha ya watu siyo moja popote. Hadisi hiyo ya kukatwa mikono imetolewa na Casement aliesimamia Ungereza eneo ya Kongo ya chini, nafasi hakukuwa meno ya tembo ao miti ya kauchu. Walitumia sehemu hii kidogo kwa kuhakikisha hali ya Kongo nzima. Na mwaka 1880, sehemu hiyo ilionesha kama hesabu ya watu wa nchii nzima ilikiwa milioni 25. Si haki, sababu unene wa Kongo ulijulikana nyuma, mu mwaka 1894. Tena wingi wa watu siyo sawa sawa popote. Kwa mfano, tuki-kamata sehemu tatu ya inchi, watu wanakaa wengi katika sehemu moja tu. Mwaka 1914, walitangaza vile vile kama Kongo inahesabia watu milioni 15. Kwa kuona wingi wa watu milioni 25 ulipunguka kuwa milioni 15, wengi walisema kulikosa watu milioni 10. Ni vile wanasema kama uwingi ulikosa mu hesabu, ni uwingi wa watu walipotea. Na wale walipotea mu hesabu walikuwa wa watu waliuwawa na wakoloni.

Balobaka te na mobu 1880 Kongo ezalaka na batu miliyo 25. Kasi ntango wana Kongo ezalaki te.
Na mobu 1914 ntango batangaka batu, bazalaki kaka miliyo 15.
Yango wana balobaka te bakataka maboko ya batu miliyo 10 na tango ya misala ya ndembo na pembe ya banzoku.

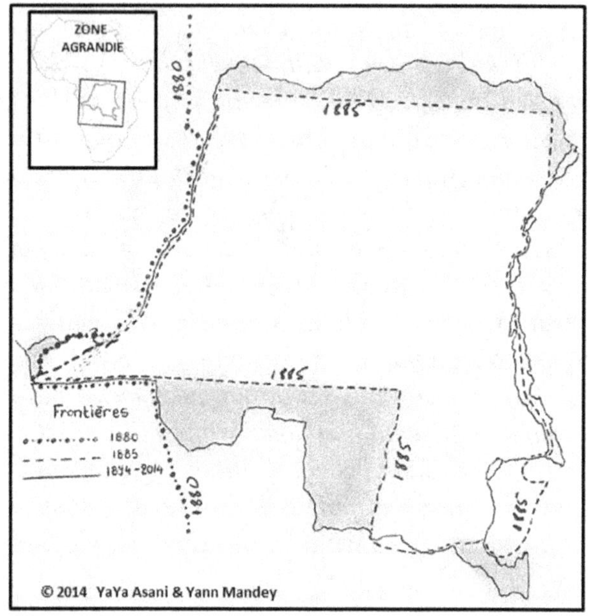

Les statistiques démographiques, établies avec des outils aléatoires, ne portaient pas sur le même territoire.

Les frontières actuelles de la RDC ont été fixées en 1894.

Auparavant, celles de 1880 délimitaient l'Ouest et suggéraient une zone plus large et profonde à l'Est.

Celles de 1885 donnaient un territoire plus petit.

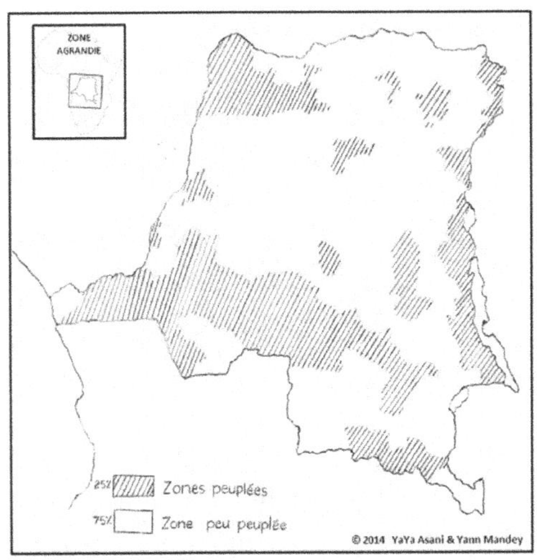

Les statistiques démographiques
se basaient sur une densité uniforme des populations.
La densité de la population n'a jamais été identique partout.
75 % de Congolais vivent dans un tiers du pays.

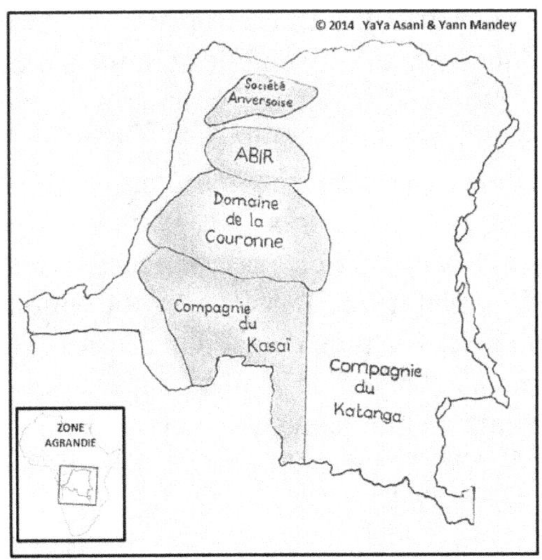

Les crimes contre l'humanité ont été cités dans 4 compagnies,
(essentiellement l'ABIR), opérant au Nord-Ouest du territoire.

La barbarie était universelle

Les *mains coupées* sont survenues à une époque de barbarie universelle, illustrée par la boucherie de la Première Guerre mondiale qui avait fait 18 millions de morts, pour moitié en soldats[50]. Sans parler des conditions de travail, même des enfants, et dignes d'esclavage. Et partout au monde…

Les Indiens d'Amérique avaient été massacrés et « éradiqués » par les « visages pâles », les Blancs. Après le Congo, Roger Casement avait trouvé au Pérou une exploitation du caoutchouc tout aussi barbare. Pire, Casement était nationaliste dans une Irlande colonisée, et les Britanniques l'avaient pendu. Les Allemands avaient massacré des centaines de milliers de Tanzaniens et commis le génocide de 70.000 Héréro en Namibie[51]. En Afrique du Sud, et avant le racisme des Blancs envers les Noirs, les Britanniques avaient inventé les premiers camps de concentration et y avaient fait mourir de faim des dizaines de milliers de femmes et d'enfants blancs. Les Français massacreront plus tard 89.000 Malgaches. Et au Congo, dont la capitale garde le nom de Brazzaville, la France a été accusée de crime contre l'humanité et d'esclavage pour le recrutement forcé des ouvriers du chemin de fer sur Pointe-Noire. Et au temps des mains coupées sur l'autre rive, deux administrateurs coloniaux français avaient fêté le 14 juillet 1903 « en faisant sauter un nègre à la dynamite »[52] !

Bref, des *sauvages* prétendaient apporter la civilisation aux Africains… Voilà qu'on parle des Chinois ! Quelle histoire !

Wakati wa zamani, mifano mibaya ilipatikana dunia nzima. Kiisha Kongo, bwana Casement alienda mgini Peru na hapo alikuta mateso pia ya watu kwa kazi ya kauchu. Naye Casement alikuwa wa mgini Irlande iliyokuwa koloni ya wangereza ; na wangereza walimutundika sababu aliomba uhuru. Wazungu wa Amerika waliuwa ma milioni ya wahindi na karibu wote walifariki. Wajermani nao pia waliwua ma mia elfu ya wananchi wa Tanzania. Waliuwa pia watu 70.000 wa kabila ya Herero pale Namibia. Wangereza weupe maliuwa elfu kumi ya wanawake na watoto wazungu wa Afrika ya kusini. Wafaransa waliuwa wananchi 89.000 wa Madagaska. Inchini Brazzaville, wafaransa walitumikisha watu sawa watumwa ku majengo ya njia ya reli na makumi ya maelfu walifariki. Wakati inchini Kongo walikatiwa mikono, sehemu ya Brazzaville wazungu walipika kapata wakatia mu mwili ya mtu juu ya kujifurahisha siku kuu ya uhuru ya Ufransa. Wakati wa zamani, wazungu walikuwa washenzi… Leo hii, Wachaina weko je ?

Njo hadisi !

Mosala ya ndembo ebomaka batu mingi na mboka Peru na Amerika. Na ntango wana batu mingi bazalaka komona pasi pe kokufa. Ba Aleman, ba Angele pe na ba Franse bazalaka kobomana ; pe na Afrika ba bomaka batu mwindo mingi. Mindele bazalaka basenzi.
Lelo, Bashinwa baye, tokosuka na bango boni ?

Lisapo esilaka te ! Esili !

Crédits des images

* * *

P. 8 -9 © NASA sont les archives sont libres de reproduction. Il en est de même pour les timbres de la Poste congolaise.

P. 12 Générique de la télévision publique. Saisie d'écran du film « Mobutu Roi du Zaïre » de Thierry Michel (1999). TDR

P. 13a Cette photo *insolente* a dû être censurée. Malgré des recherches, son auteur est inconnu. Mais on trouve des images du même jour avec un Mobutu décoiffé aux côtés de De Gaulle ou de Mobutu avec le même chapeau mais s' entretenant avec les journalistes. TDR

P. 13b Mobutu à la tribune de l'ONU en 1973 © UN Photo/ Yutaka Nagata

P. 13c Vignettes du Concorde © collection Concordescopia www.concordescopa.com pour le voyage de Mobutu en Février 1989 aux funérailles de l'Empereur du Japon Showa.

P. 26 Baobab Stanley -TDR - Carte postale en vente sur ebay http ://www.ebay.fr/sch/Congo-/142375/i.html?_pgn=5&_skc=200&rt=nc

P. 27 Carte Da Ming TDR - ©Ryukoku University, Kyoto selon une copie remise au Président Sud-Africain Thabo Mbeki.au cours de sa visite au Japon. http ://www.passion-histoire.net/viewtopic.php?f=64&t=8159&start=15

P. 35a Timbre en vente TDR - saisie écran sur http ://www.hanmart.pl/fl/pokaz_szczegoly-14533.html

P. 35b © Marcel Yabili

P. 40 TDR - © JN Bellin carte de 1748 en vente sur http ://www.mazzaforte.com/WestAfrica2.html

Crédits des images

PP 48b et 49a © *Msiri roi du Garengaze* André Vleurinck – inédit- 2005

P. 54 Os Ishango TDR- © http ://fr.wikipedia.org/wiki/Os_d%27Ishango

P.58 Photos de 1915 TDR - ©Imperial War Museums London http ://www.iwm.org.uk/collections

P. 59b 1919 TDR - ©*Elisabethville 1911-1961* Ed. L. Cuypers

P. 70 Masala TDR - © *Carnet de route d'un voyageur congolais : Masala… – Zana Aziza Eyambala* - Afrika Focus, Vol. 9, Nr. 3, 1993 et Vol. 10, Nr. 1-2, 1994.

P. 71a Tombes Tervueren TDR - © *Prince Djungu Tambwe - http ://www.jambonews.net/*

P. 71b Potager sur le cimetière de Ngiri Ngiri © Marcel Yabili

P. 84 1909 Frontispice de l'édition anglaise de *Le crime du Congo Belge* – Arthur Conan Doyle (Nb. l'auteur des aventures de Sherlock Holmes) TDR ©Ed les nuits rouges 2005

P. 85 1899 photo capturée par Marcel Yabili à l'expo *Congo Far West* - Homme mutilé à Pweto – François Michel TDR © Collection MRAC AP.0.1403 in

© **TOUTES LES CARTES** (exceptées sur les pages 29 et 42) Yann Mandey, dessinateur : yannxmandey@hotmail.com.

* * *

[1] Le Concorde reliait Gbadolité dans la forêt. À bord, une carte de menu personnalisée, comme pour ce vol Gbadolite-Marseille du 30 septembre 1989 :

© Menu Gbadolite-Marseille : collection www.concordescopa.com)
© Concorde au sol à Gbadolite sur //www.panoramio.com

[2] Message extrait de la page 15 sur les 38 pages du communiqué de la Nasa Nr 89-83
sur http ://history.nasa.gov/ap11-35ann/goodwill/Apollo_11_material.pdf.

[3] Sur le blog de l'auteur *La lune : quand Mobutu était congolais* http ://congoreading.over-blog.com/article-34661112.html

[4] En novembre 1969, le président américain Nixon a fait fabriquer et offrir 250 présentoirs d'échantillons lunaires avec le drapeau de 135 pays, dont la RDCongo, et la : « ce drapeau de votre nation a effectué un aller-retour sur la lune et ce fragment de la surface lunaire a été amené sur terre par le premier équipage qui s'est posé sur la lune ». Mais en 2009, il s'avéra que le caillou que les astronautes avaient offert à la Hollande en 1969 était faux ; c'était du bois pétrifié...

[5] Titre du livre autobiographique de Cassius Clay devenu Mohammad Ali *Le plus grand* - Gallimard – 1976.

[6] La Genèse 25-29 in *La Bible de Jérusalem* Ed du Cerf.

[7] Taille ou "corps" des caractères imprimés :

CORPS 14 *(Nb textes officiels, enfants, vieillards)*
Corps 9 *(Nb. textes bibliques)*

Notes

[8] *Comment j'ai retrouvé Livingstone* - H.M. Stanley – Fayard.

[9] En juillet 2015, François Hollande a reconnu le *génocide* de dizaines de milliers d'indépendantistes camerounais Bamileke dans les années 50 et 60 imputé à l'armée française et à l'armée camerounaise encadrée par des officiers français.

[10] Titre du livre *À la courbe du fleuve* de V.S. Naipaul, Nobel de littérature – Albin Michel.

[11] *Comment j'ai retrouvé Livingstone* - H.M. Stanley – Fayard.

[12] Aussi exprimé en *"terra incognita"* pour des espaces inexplorés.

[13] L'immense carte *Da Ming Hun Yi Tu* (traduction : *amalgame du grand empire Ming*) est conservée à Ryukoku University, à Kyoto (Japon). Elle a été divulguée pour la première fois au public par une copie grandeur nature qui avait été remise au président Thabo Mbeki lors de son voyage au Japon, et fut autorisée à être exposée en 2002 à Capetown en R.S.A.

[14] Il est faux de penser que le Congo serait exposé à une « guerre de l'eau ». Mais il y a une guerre intérieure pour l'environnement et la protection des rivières de la pollution.

[15] *Condition of Affairs on the Congo* p. 463 - Stanley 1882. Fac-similé *Le Rail au Congo Belge T.I.* Blanchart & Cie 1993.

[16] Cette évaluation a été chiffrée. *Pour ouvrir le pays, transporter hommes et biens, alimenter le commerce, l'homme apparut comme le seul animal de transport disponible : ce fut le "portage". Mais c'était une solution qui n'en était pas une. Vers 1880, sur la "route des caravanes" » de (Kinshasa) à Matadi, la première brèche ouverte dans le mur d'isolement de l'Afrique Centrale, le prix du transport était évalué à 2.000 francs-or. La charge normale ne dépassait pas 25 kg, et l'étape journalière, 25 km. Sur les 400 km du parcours, le transport d'une seule tonne représentait environ 640 journées de portage ...*

Notes

... Étant donné la faible densité de la population, on pouvait raisonnablement affirmer que la capacité d' exportation de l'immense Congo ne pourrait jamais dépasser 2.000 tonnes par an... In *L'évolution des voies de communication et des moyens de transport en Afrique Centrale* Jacques Weulersse Annales de Géographie 1931 Vol 227 p. 545.

[17] *Géant d'Afrique, géant d'Asie* - Marcel Yabili - L' Harmattan 2012.

[18] *La mangeuse de cuivre* - Fernand Lekime- D.Hatier 1992.

[19] *Géant d'Afrique, géant d'Asie.* Op cit, et surtout
L'Arbre blessé Han Suyin – Stock.

[20] *L'origine du mot Zaïre* Abbé Paul Nzinga N'ditu sur
http ://nenzinga.info/Monographies/Zaire.pdf

[21] **Zayre/Zaïre** serait d'origine arabe, selon l'hypothèse inédite du professeur Adnan Haddad. En langue arabe, ***Zaïr*** signifie, ***"rugir comme un lion"***. Effectivement, et avant Stanley, les navigateurs renonçaient à remonter l'embouchure et ignoraient le centre du continent. Les 32 cascades et 267 mètres de dénivellation du fleuve puissant forment une barrière infranchissable, aussi bruyante que des ***rugissements de lions***. D' où cette question : les Portugais auraient-ils emprunté *"Zayre"* aux Arabes qui les avaient conquis en 712 ou lors du commerce sur l'Océan indien ?

[22] *" Conscience nationale et identités ethniques : Contribution à une culture de la paix"* - Léon de Saint Moulin 1993 in Congo-Afrique, n° 372, p. 93-128. *«... Cette étude démontre que le Congo n'était pas un émiettement de 450 tribus, mais qu'il n'en comprendrait que 250 seulement regroupées, d' après Malcolm Guthrie au sein de huit familles linguistiques. En outre ce travail distingue seulement 212 langues en RDC dont 34 non bantoues, oubanguiennes ou nilo-sahariennes »* selon
http ://www.mbokamosika.com/article-1-inventaire-des-ethnies-   de-la-rdc-72662343.html

[23] *Au service du Katanga 1904-1908*, René Grauwet, l' Harmattan 2012.

Notes

[24] Son nom véritable était *Ngelengwa*. Il s'était surnommé *Mushidi* qui signifie « je suis la terre, toute la terre ». Ce surnom est devenu un nom européanisé en *Msiri*. Il avait effectué un premier voyage en 1856, mais il immigra en 1860, pour prendre le pouvoir en 1870.

[25] Fernand Paulin Elie Gendarme a publié en 1942 trois tomes de *Croquis congolais* (Les Noirs, Les Blancs, Bêtes et Gens) dont il a dessiné les 232 illustrations. Des récits pittoresques de chasse, et de la vie sociale des Blancs et des Noirs.

[26] Confidences directes de Gendarme à Raoul Julien Monet qui les a rapportées à l'auteur.

[27] *Les frontières du Congo Belge* page 72 – P. Jentgen – Mémoires - Institut royal colonial belge, 1952

[28] Ces réaménagements frontaliers ont ressurgi après l' indépendance du Congo, en 1964, et de la Zambie, en 1964. En 1965, le journal *La Voix du Katanga* a parlé d'annexion…

Autour de l'annexion du Katanga Oriental à la Zambie

Comme l'a très bien dit notre excellent confrère « Essor du Katanga » de ce jeudi matin, la vie politique à Elisabethville est très mouvementée à tel point qu'on parle d'une éventuelle annexion du Katanga Oriental à la Zambie.

Selon certaines rumeurs, M. Kapwepwe, Ministre Zambien des Affaires Étrangères serait déjà contacté par certains hommes politiques locaux à ce sujet.

M. Godefroid Munongo, Ministre de l'Intérieur du Gouvernement Central chargé du maintien d'ordre dans l'étendue de toute la République est arrivé à Elisabethville mercredi après-midi en vue de se rendre personnellement compte des manœuvres de certains de ses adversaires contre le pouvoir central légalement établi.

Notons en passant que selon M. Munongo, dans un bref entretien qu'il a eu avec la presse locale, a tenu à confirmer sa décision de suspendre l'hebdomadaire Evillois « La Tribune Evilloise ».

La Cour d'Appel est déjà saisie de cette affaire a poursuivi le Ministre Munongo qui a enchaîné : « Il ne s'agit pas d'une atteinte à la liberté de presse, mais d'une mesure prise en accord avec le Parquet pour calomnie et diffamation à l'égard du Haut Commissaire de la République et Ministre de l'Intérieur de la République Démocratique du Congo. »

On se rappelle que dans son dernier numéro, notre consœur « La Tribune Evilloise » dans un article publié en page 3, disait qu'une autorité de Léopoldville aurait détourné la somme de 140.000.000 F destinée à la région de Stanleyville.

M. Munongo se sen... neur de cette province.

M. Munongo a également annoncé que plusieurs arrestations seront procédées dans les prochaines heures à l'endroit des auteurs de l'article de la « Tribune Evilloise ».

Signalons en passant que M. Cyprien Kayumba, Vice-Président de l'Association de la Presse Congolaise a protesté auprès du Ministre Munongo contre la suspension de « La Tribune Evilloise ».

Ce dernier qui a d'ailleurs très bien reçu le Vice-Président de l'A.P.C. a précisé à M. Kayumba qu'il ne s'agit pas d'une atteinte à la liberté de presse, mais d'une mesure prise conjointement avec le pouvoir judiciaire du pays.

M. Munongo a quitté Elisabethville ce jeudi à 11 heures à destination de Léopoldville via Mbuji-Mayi.

[29] Un pont de 320 mètres a été construit, en Zambie, pour enjamber la rivière Luapula qu'on traversait sur des bacs.

[30] Ishango est en territoire de Beni (Nord-Kivu).

Notes

---

[31] *Fables de la Fontaine d'origine orientale* – Adnan Haddad – Sedes, Paris 1984.

[32] « 50 ans av. J.-C., Jules César s'était apprêté à rejoindre ses troupes en Égypte, lorsqu'il fut tué par des comploteurs, dont son fils adoptif Brutus. *Tu quoque mi fili*. À l'époque, l'armée romaine stationnait dans le Sud-Soudan du côté de Djuba, et à moins de 500 Km du fleuve Congo ! Elle se préparait à pénétrer davantage dans le Sud. Et si César n'était pas mort à ce moment précis, c'est sans doute le cours de l'histoire africaine qui aurait changé. » Extrait de *Géant d'Afrique, géant d'Asie*- M. Yabili – L'Harmattan- 2012.

[33] D' après les recherches inédites rapportées à l'auteur par Sevy Sleas (nom de plume de Y.S.) – Bruxelles.
Mais Léon Verbeek (SDB) a pu relever des expéditions romaines à la recherche des sources du Nil en 21 av JC. Ceci couvre la période de Jules César. Mais celle de Néron en 66 ap JC est la plus popularisée grâce au roman historique *Rome à la conquête du Nil : L'expédition de Néron au coeur de l'Afrique* – Léon Arsenal - Ed Nouveau Monde – 2007.

[34] En écho à *"de bello gallico"*, la conquête de la Gaule.

[35] César avait écrit « de tous les Gaulois, les *Belges* sont les plus braves… » Lors du retour des troupes congolaises victorieuses sur le Rwanda, un Arc de Triomphe (voir photo en page 61) proclamait « HONNEUR AUX BRAVES ».

[36] *Mimi and Toutou Go Forth : The Bizarre Battle for Lake Tanganyika* - Giles Foden - Michael Joseph 2004

[37] *La participation du Congo à la Première Guerre mondiale (1914-1918)* J-M Mutamba M. www.lepotentielonline.com 2013.

[38] Ferdinand Foch, maréchal de France, de Grande-Bretagne et de Pologne (1851-1929) a très bien dit :
« un homme sans mémoire est un homme sans vie,
un peuple sans mémoire est un peuple sans avenir… »

[39] Un décret du 27 décembre 1892 avait organisé une nationalité congolaise pour « tous ceux qui sont nés sur le territoire de parents congolais ». À partir du 21 juin 1904, la nationalité fut

reconnue à tout indigène congolais résidant sur le territoire de l'État. Ensuite vinrent des règles sur une nationalité ethnique remontant à 1885. Par la suite était congolais « à la date du 30 juin 1960, toute personne dont un des ascendants est ou a été membre d'une des tribus établies sur le territoire de la république dans les limites du 1ᵉ août 1885, telles que modifiées par les conventions subséquentes ».

Ensuite, la loi sur la nationalité de 2005 ainsi que la Constitution de 2006 définissent que la nationalité est acquise à « toute personne appartenant aux groupes ethniques dont les personnes et le territoire constituaient le Congo à l' indépendance ». Cette référence au *"territoire constituant le Congo en 1960"* est un "arrangement", car les frontières n'avaient jamais bougé depuis 1894. Mais ce simple changement de 1885 en 1960, a régularisé les populations immigrées depuis 75 ans.

[40] On chiffre à plusieurs millions de morts le nombre de Congolais, victimes des conflits générés par le Rwanda. Statistiques démographiques à l'appui, International Rescue Committee (IRC) avait relevé une mortalité cumulée sur 6 années de 3,8 millions de victimes de guerre ! IRC a calculé, non pas les morts de violence de guerre, mais la mortalité qui excédait le taux habituel. Alors que l'Unicef avait retenu pour le Congo de 1997 un taux de mortalité de 1,3 ‰, l'IRC a trouvé un taux de 3,5 ‰ dans les régions de l'Est et de 2,0 ‰ dans l'Ouest, donnant un taux de mortalité nationale de 2,2 ‰. Soit pas loin du double de la normale, ou près de 2000 morts par jour, entre août 1998 et novembre 2002, et ensuite ramenés à 1000 victimes.

En 2008, l'étude *la surmortalité au Congo (RDC) durant les troubles de 1998-2004* (adrass@skynet.be) de deux démographes belges, André Lambert et Louis Lohlé-Tart, s'est basée sur le recensement électoral de 2006 et l'espérance de vie de 42 ans au lieu de 60 ans, dans les provinces en paix a conclu que la surmortalité résultareait davantage de la déliquescence du régime Mobutu que de la guerre rwandaise qui n'aurait causé que 183.000 morts. Mais sans impact ; on continue à parler de millions de morts congolaises, imputées à Kigali.

Notes

[41] *Raisonnement par l'absurde.* Ici, il invalide l'affirmation rwandaise en montrant qu'elle conduit à une contradiction.

[42] *Les frontières du Congo Belge* P. Jentgen – Mémoires - Institut royal colonial belge, 1952.

[43] *Carnet de route d'un voyageur congolais : Masala à l'exposition universelle d'Anvers, en 1885* – Zana Aziza Eyambala - Afrika Focus, Vol. 9/3, 1993 et Vol. 10/1-2, 1994.

[44] En 2014, des *zoos humains* ont refait surface pour dénoncer cette pratique coloniale. En Norvège, on a récréé le *Kongo-landsbyen* (le village congolais) qui avait été l'une des principales attractions de l'exposition universelle d'Oslo en 1914… mais avec 80 figurants Sénégalais! De son côté, le sud-africain Brett Bailey a monté le spectacle *Exhibit B* qui a été interdit en Angleterre, mais pas à Paris...

[45] Il y eut aussi Ota Benga exhibé dans une cage au zoo de New York, en 1906 et objet du livre *Le pygmée congolais exposé dans un zoo américain - Sur les traces d'Ota Benga -* Ngimbi Kalumvueziko- L'harmattan – 2011.

[46] Cet épisode, qui n'est pas propre au Congo, est fort exploité. Un documentaire a mimé le transfert au pays des 7 morts dans des boites de cigarillos en forme de cercueils réenterrés au cimetière de la Gombe à Kin. Aussi, deux articles récents :
- 1er novembre 2013 : Hommage aux Congolais morts pendant l'exposition universelle de 189 - Prince Djungu Tambwe
www.jambonews.net/actualites/20131104-1er-novembre-2013-hommage-aux-congolais-morts-pendant-lexposition-universelle-de-1897/
- 267 Congolais dans un zoo humain à Bruxelles en 1897 - Francois Duja - https://afrochild.wordpress.com/2012/02/01/267-congolais-dans-un-zoo-humain-a-bruxelles-en-1897-by-francois-duja/

[47] *Congo Far West* - Sammy Baloji & Patrick Mudekereza – Silvana Editoriale et Africa Museum 2011.

[48] Même ce chiffre de 15 millions était inexact. Les recensements se font par statistiques démographiques. Les outils de 1914 étaient plus précis que ceux de 1880, mais non fiables. Pour preuve, on parle de 13,5 millions d'habitants en 1930 et de 14,7 millions d'habitants en 1960. Ces chiffres induiraient

une déperdition de 1,5 million entre 1914 et 1930 et une perte additionnelle de 0,3 million dans les 30 années qui ont suivi ! Pourtant personne ne parle de génocide ! Bien au contraire, la démographie avait accru notamment grâce à la médecine coloniale qui aurait fait dire à des experts de l'OMS qu' « à l'accession à l'indépendance, le Congo avait, sur le plan médical, 20 ans d'avance sur les autres pays africains...»

[49] Wikipedia énumère ces invraisemblances. « Les historiens ... s'autorisent à lancer des chiffres qui varient fortement : ainsi, le rapport du diplomate britannique Roger Casement en 1904 donne un chiffre de 3 millions de personnes, Forbath parle d'au moins 5 millions, Adam Hochschild, de 10 millions, Isidore Ndaywel È. Nziem, historien congolais, de 13 millions, l'Encyclopædia Britannica donne une perte de population de 8 à 30 millions. L'historien et anthropologue Jan Vansina, auteur de beaucoup de livres savants sur le Congo, estime que la perte de population entre 1880 et 1920 était de 50 %».
http://fr.Wikipedia.org/iki/Les_Fant%C3%B4mes_du_roi_ L%C3%A9opold

[50] Un crime contre l'humanité reste répugnant, et sans besoin de devoir être compté en millions de victimes. On ne précise pas que l'holocauste *oublié* a eu lieu sur un tiers du territoire congolais. Mais on affirme, sans sourciller, qu'il a fait autant de morts que de soldats tombés sur les champs de bataille de la Première Guerre mondiale, la plus meurtrière...

[51] En juillet 2015, l'Allemage a qualifié de *crimes de guerre et de génocide* la guerre d'extermination de 80 % de Héréros et de 50 % de Namas de Namibie, en 1904 et 1905.

[52] Stephen Smith *Sur le Fleuve Congo* - Le Monde 08/2002 et *Le Fleuve Congo* – Actes Sud – 2003. Cet incident justifia une descente sur le terrain de Pierre Savorgan de Brazza et dont le rapport vient d'être dévoilé après un siècle dans le livre : *Le rapport Brazza – Mission d'enquête au Congo, rapports et documents (1905-1907)*- Ed le passager clandestin - 2014